THE DRESS OF WOMEN

Charlotte Perkins Gilman

女性のための衣装哲学

シャーロット・パーキンズ・ギルマン

監訳
大井浩二
共訳
相本資子・藤田眞弓・平松さやか・井上稔浩・勝井伸子

小鳥遊書房

The Dress of Women

by

Charlotte Perkins Gilman

〔Serialized in *The Forerunner*, Vol.6. 1915〕

目次

Charlotte Perkins Gilman

The Dress of Women

Charlotte Perkins Gilman

【凡例】

訳註は文中に（　）でアラビア数字で示し、章ごとに巻末にまとめた。

文中の参考図版は読者への便宜を計り、訳者、編集部で加えたもの。

The Dress of Women

はじめに

Prefatory Note

布帛《ふはく》は社会的な織物だ。

布帛でできた便利な衣服によって、私たちは互いに自由に、スムーズに、そして平和に行き来するが、もし衣服がなかったら、そのような行き来は不可能だろう。私たちが一人で暮らすことが多くなればなるほど、衣服のことを考える頻度は低くなり、「社会」のなかで群がって混じり合うことが多くなればなるほど、衣服のことを考える頻度は高くなる。

織物業の進化は、私たちの社会的成長の歴史と同じように長く、興味深い。恐らくは編み上げた髪や革紐のサンダルから、葦や緑草や剥いだ樹皮の組紐、さらには木綿、亜麻、羊毛、絹の見事な織物に至るまでの進化。偶然できたラクダのもつれた毛のごつごつしたフェルトから、繊細この上ないレースに至るまでの進化。これ以上に生き生きとした自然な成長の実態を、人間の生活は見せることができない。

人間以外の動物たちは、それぞれの個体に着衣を生やしている。鱗《うろこ》、剛毛、毛皮、羽毛など。動物たちにはそれ一着しかなくて、自分で補充している。それはきれいに洗うことはできても、取り換えることはできない——衣替えの時期、若年期から老年期への移行の時期、それにカメレオンは別として。

人間という動物は、他の様々な方法と同じように目立つ衣服によって、身体以外の手段による特異な表現力を発揮している。

人間は道具や武器を使うことによって、人間よりも完璧かもしれないが限界のある他の動物のメカニズムを、様々な効率の点で凌駕しているが、その場合と同様に、衣服においても、他の動物が体毛などを生え替わらせたり脱ぎ捨てたりするよりもずっと速いスピードで、人間は多彩な状況に適応することができるだけでなく、この基本的に有利な立場から、まだほとんど認められてさえいない多種多様な用途に目を向けている。

私たちの衣服は、魚類の鱗や鳥類の羽毛と同じように、私たちの要求を満たすために文字どおりの進化を遂げている。鱗や羽毛が魚類や鳥類に個体的に備わっているのと同じように、衣服は私たちに社会的に備わっている。

私たちはある物を意識的に、多くの人たちの手や頭脳を使って作り出すのだが、それにもかかわらず、その物は社会の自然な産物だ。

ある物や道具は私たちに生理学的に備わっているのではないが、それにもかかわらず、その物や道具は社会的な組織の不可欠な部分であり、同程度までに不必要な部分、有害な部分、あるいはれっきとした病気、れっきとした危険かもしれない。

このように見てくると、衣服は社会的な皮膚の一種であって、他の動物の外皮と同じように暑い、寒いといった状況に適応するが、動物の外皮よりもずっと敏感だ。私たちの動物園で、ホッキョクグマがフラノの肌着を脱ぐことができたり、赤道直下で生まれたサルたちがフラノの肌着を着ることができたりすれば、ホッキョクグマもサルももう少し快適に過ごせるようになるだろう。

しかし、私たちの衣服は、その可変性と多様性のせいで、皮膚が及びもつかないほどの表現手段になっている。感情を表現しようとする場合、私たちの皮膚はせいぜい顔を赤くするか、顔を青くするか、顔をしかめて眉毛を吊り上げることぐらいしかできないが、衣服は個人的な虚栄心から階級意識に至るまで、ありとあらゆる種類の感情を表現することができる。

私たちの様々な織物を使って、私たちは自然界に類のない何かを創り出してきた。もちろん、その何かに最も近いのは動物の外皮だ。完成品としては、クモの巣か、ある種の鳥や昆虫の巣作りの材料がそれに恐らく最も近いだろう。

手触りがよくて、柔らかくて、途切れることがなく、ずっと同じように薄くて弾力性のある物、旗のように風にはためいたり、カーテンの優美な襞《ひだ》となって垂れ下がったりしている布地。これが世界の美にさらなる美を付け加えている。

この柔らかな襞が、このさざ波のような微妙な揺れが人体の優雅な動作に付け加えられるとき、私たちは古今の彫刻家や画家によって認められた新しい美の要素を手に入れるのだ。

＊　＊　＊　＊

織物の進化をたどること自体、重要な仕事だが、ここでは取り上げない。同様にして、衣装の進化を研究することもまた重要な仕事だが、その概略に最も近いスケッチだけをここでは示しておく。

私たち人間によるすべての恣意的な改変の下で、自然の発展の法則に従う自然現象として、私たちの身体を覆う衣服の力強い開花をもたらした僅かのささやかな種子に注目するのは興味深い。

暖を取るために、寒さに震える未開人は仕留めた獲物の毛皮で身体をすっぽり覆う。それがずり落ちないようにするために、首を通すための穴をあける。それを身体にしっかり巻き付けようとして、胴回りを細長い紐で縛る。

これがいままでずっと使われている膝丈のチュニックあるいはシャツといった最初の衣服の起源だ。

人間が工夫を凝らすようになると、ゆるやかな襞が縫い合わされ、余計な部分は切り取られた。布地が細長く織られるようになると、もっと簡単なストレートダウンな形の衣服が自然に誕生した。

袖《スリーヴ》があるかないか、ゆったりかぴったりか、長いか短いかには関係なく、これは人類の衣服の大半の元祖だ。それは短く縮めて、生地がほんのわずかな下着にすることもできるし、ゆったりとしたローブに仕立てて、フロアを何ヤードも引きずることもできる——だが、その先祖はまったく同じだ。

スカートは上半分から切り離された下半分にすぎない。「ペチコート」は、名前の「小さなコート」が暗示しているように、かつては小さい点だけがアウターコートと異なる下着にすぎなかった。ジャケットと短い胴着《ジャーキン》はどちらも前開きで、丈が違うという特徴を備えているにすぎない。頭からかぶる衣類と、最初に両腕を通す衣類のどちらも、古代のチュニックに端を発している。

私たちの衣服の他の部分は身体の下肢から誕生している。まず、保護のためのサンダル、保温のためのモカシン、足の上に長く伸びるレギンス（これはやがてズボンとなって姿を現わす）があって、このささやかな発端から多種多様な靴とストッキング、ブーツとガーター、あらゆる種類のフットウェアとレッグウェアが出現したのだ。

上からすっぽりとかぶって垂れ下がったままの衣類。下から引っ張り上げてしっかり留める衣類。これが衣類の進化の二つの大きな流れとなっている。

これだけのことを記憶にとどめておくのは簡単だし、気候や生産方式といったその進化に影響を及ぼす主要な力についても同様だ。

ズボンを着用する民族が寒冷な国々に出現したようだ。雪のなかで脚を露出したままでいるのは快適ではない。だが、北方民族がもっと南の国々を侵略して、そこに居座るようになっても、ズボンは薄地のモスリンを素材にして生き延びる。

ある種の衣服や傾向を掘り下げて研究する場合、その進化のプロセスが参考のために呼び込まれるが、それはここで考察される問題の主要部分ではない。

本書の研究では、異なる民族、異なる階級、異なる時代における衣服と女性の関係、とりわけ近代女性の現在の地位と、その地位にいまや非常に明確な形で急速に起こっている変化との関連における衣服と女性の関係が主として取り上げられる。

第一章

衣服における基本的動機

Primary Motives in Clothing

人間の衣服の幅広いバリエーションの根底にある様々な動機は、いくつかの主要な因果関係にまとめることができる。

つぎに挙げる五つの動機は、絶対的に相互排他的な動機ではなく、衣服における現象の大半をおおまかに説明する動機と定義することができる[1]——

a. **保護**（Protection）
b. **保温**（Warmth）
c. **装飾**（Decoration）
d. **羞恥**（Modesty）
e. **象徴**（Symbolism）

これらの動機は重なり合う場合もあるが、最初の二つの動機の間にさえも明確な違いがある。この五つの動機は出現順に並べられている。

人類が最初に身に着け、習慣的に用いた衣類は、長期間にわたって唯一の衣類でもあったが、「ガンガ・ディン」（一八九二年）と題する詩[2]のなかで、イギリス作家ラドヤード・キプリングによって感情をこめて描写されている——

やつが身につけていた軍服は
前がほんのわずかな布切れで
後ろはその半分にも及ばない——

キプリング『ガンガ・ディン』の表紙に描かれた腰布一枚の主人公

要するに腰布のことだ。これは羞恥のことを考えるよりもずっと以前に、保温のためでも装飾のためでもなく、純粋に保護のために身に着けられている。

サンダルや靴もまた同じ必要から——怪我から足を保護する必要から作られ、帽子もまた、そもそもの始まりは、文字どおり頭部の保護を意図していた。

女性の間でも、頭や足のための覆いは同じ起源だったが、そのように考える人は現在ではほとんどいない。何らかの形のコルセットやブラジャーは、初期の段階では純粋に保護のための道具として役に立っていた。

この衣服における機械的な影響は、衣服の発展の流れに沿って跡づけることができる。衣服の修正を迫る他の様々な影響力のために、それはしばしば隠蔽されたり、ときには否定されたりするが、いつでも発見することができるのだ。

頭にヴェールをかぶってオープンカーに乗っている女性たち

皮パッチの乗馬ズボン、馭者用の手袋、漁業者用の胴付き長靴《ヒップブーツ》、農業者用のつばが広い麦わら帽子、ゴム製のオーバーシューズ、自動車運転者用のヴェール[3]やゴーグル——これらは保護を目的として考案されている。
この保護という動機と深く関わっているのが保温という動機で、ウールや毛皮の衣服は寒さに対する「保護」の目的で案出されている。だが、暑い国々で用いられる衣類と、人間が北国の気候に立ち向かうことに成功するずっと以前から存在する衣類との間には明らかな違いがある。
保温の必要性は、衣服の修正を迫る影響力としては、最大の影響力の一つだ。南の国々における衣服の発達を熟知していなかったり、装飾、羞恥、象徴という最後の三つの動機の影響力を理解していなかったりすれば、軽率にも保温を最大の影響力と呼んでしまうかもしれない。

毛が付いたままで鞣《なめ》した獣皮は、未だに北極や南極に住む人々の必需品だ。ロシアの農民《ムージク》の羊皮製の外套やカウボーイのズボンを保護するためのけば立った「チャップス」は、イヌイットが着るフード付きの長い毛皮の「パーキ」と同じ形で同じ必要に応えている——いずれも体熱を保持するのだ。

分厚いラシャのコート、純毛織物《イェーガー》の下着、フラノ製のペチコート（現代の多くの女性にとっては過去の遺物となっているが）など——この保温という単純な必要に基づく無数の衣類が存在する。

温暖な気候の土地では、春になると、私たちはフラノ製の衣服から「脱皮」し、秋になると厚手のコートに着替える——それは他の動物たちとまったく同じだが、人間の場合はもっと厄介で、もっと費用が掛かる。

この最初の二つの動機の場合や、三つ目の**装飾**の場合は部分的だが、私たちは他の生物が成長《グロース》という形でしていることを手仕事《マニファクチュア》によってなしとげている。その他の動機の場合、私たち人間の衣服は様々な新しい力が働いていることを示している。

動物はラクダの膝の皮膚に見られるような硬結とか、足のための濃い髪の毛のクッションや硬い肉趾とか、羽根のための防水とかいった様々な保護装置を発達させ、さらに保温のために、私たちがするのと同じことをする——つまり、衣類を身に着ける。動物の場合、衣類を身体に生やすことに間違いないが、それを生やすのは保温という目的のためなのだ。

装飾において、彼は私たちにすばらしい見本を示してくれる。ここで「彼」という代名詞を使うのは、私たちのいつもの誤った男性中心主義的《アンドロセントリック》な意味で、それが人類一般を表しているからだけではなく、本質的に装飾を偏愛するあの人類の半分を最も正確に表してもいるからだ。

最も早い時期における装飾の発達は、疑う余地もなく性別の線に沿った発達で、奇妙なまでに男性中心的なのだ。

ひらひらと飛ぶ短い生涯が交尾期のためにあるチョウのような昆虫の仲間では、この装飾の効果はメスとオスの両方に現れるが、その場合でさえもオスがたいていは主導権を握っている。しかし、一般的に言って、動物の世界では「装飾的付属器官」はオスだけに現れる。

この事実は鳥類の例によって広く知られている。それは庭先で放し飼いにしている鶏冠《とさか》と肉垂《にくだれ》のついたニワトリからゴクラクチョウ、ダチョウ、シチメンチョウ、クジャクまで、あらゆる種類の鳥類のオスだ。いつでも偉そうに闊歩し、印象的な尾羽をひろげ、冠毛を高く上げ、派手な羽根をはばたかせるのは、例外なしにオスだ。

人間の衣服における装飾は、二つの明確な流れに沿っている。一つは性的魅力という動機によるディスプレーという早い時期の流れ。もう一つは私たちに備わっているあの高度な美的感覚というその後の流れで、美的な喜びのために色彩や形やデザインを楽しむが、前者の流れとはまったく関係がない。

新しい靴を喜ぶ子どもの気持ちや私たちの誰かが特定の色彩や特別な布地を好む気持ちは、性的魅力に基づいてはいない。服装の歴史を基礎に置いて、いろいろな衣服や時代をつぎつぎに取り上げ、ある特定の衣服の装飾性がどの程度まで性的衝動によるものであり、どの程度までその後の純粋に人間的な美的感覚によるものであるかを示す、広範囲に及ぶ掘り下げた研究がここでできるかもしれない。

主として発情期、つまり青年期に用いられ、児童期や老年期には好まれない織物や形状や色彩が見いだされる場合、とりわけそのような選択が男性、または男性を惹きつけようとする女性によってなされる場合、そのような装飾効果は性的衝動に起因すると考えられる。だが、生涯を通じて続く個人的嗜好や、高度の洞察力を備えるようになるにつれて変化する個人的嗜好に基づいて、そのような選択がなされる場合には、その選択を人類の美的感覚に帰することができる。

ある種の部族において複雑かつ精緻の高みに達した、刺青《タトゥー》という原始的で極度に個人的な装飾を例に取ってみよう。男性と女性に特化した模様や特徴があるかもしれないが、その刺青のデザインのデリケートな網目模様を男女両性ともに称賛するのは、私たちがレースや刺繍を称賛したり、陶器や道具や家具の類似した装飾を称賛したりするのと変わらない。

デザインの原初的な法則とそれに対する私たちの喜びは、性よりも深くて高いレベルに達する。単純な反復と変奏から対称、放射、その他に至るまで、私たちは規則性、バランス、線と形と色彩が持っている、見る者を高め慰める効果に反応するが、これらは性や性的魅力とは一切関係がない。

オスの鳥が美しい羽飾りを見せびらかす、オスのヒヒが美しくもない皮膚の胼胝《たこ》を見せびらかす、若い男性が派手なネクタイ姿で颯爽と現れる、その男性の気を惹こうとして若い女性が着飾って身づくろいをする――これはすべて性的装飾だ。だが、根気強い先住民の女性が赤ん坊のおくるみや織り目の細かいバスケットに付けたビーズ飾りは、間違いなく装飾だが、性的装飾ではない。

この装飾と性というまったく異なった二つの影響力が、しばしば私たち人間の衣服、とりわけ女性の衣服において、どのように相互矛盾するかは、後で検討することにする。

羞恥は、この言葉が一般に理解されている意味では、明らかに人間が創り出したものだ。

若さや未経験や相対的な知識（「相対的な無知」と言いかけたが、無知は羞恥ではない。真の知識が羞恥なのだ）から生まれる自己卑下と結びついた羞恥もあるが、これはこの言葉の一般的な使い方をしたときに私たちが意味しているものではない。

私たちは羞恥という言葉によって、ある種の性意識、とりわけ女性に特有の性意識を意味している。男性が近づいてきたときに若い女性が顔を赤らめて目を伏せるのは、この「羞恥」の一例だ。それは相手が男性で、自分が女性であることをその女性が知っていることを物語っていて、その事実に女性の態度は注意を促している。自分が年端もいかない少年で、相手がおとなの女性であるかのように、その女性が澄んだ目をして、何の関心を示すこともなく相手の男性に接するなら、この落ち着きすました無関心は「羞恥」などではない。

こうして、衣服における「羞恥」は、女性の衣服に適用された場合、女性性を極端に際立たせることに存在する。男性と女性のための根本的に異なった衣服に執拗にこだわる姿勢そのものが、この考え、つまり、性別のことを忘れるべきでないという考えに基づいている。

この羞恥ほどに変幻自在なファクターはない。実際の関連など何一つとしてない対象物に感情を移入するのは、私たち人間に特異な霊能力が備わっていることを示す数知れない証拠の一つなのだ。

太古の未開時代には、私たち人間はこの能力を数限りない徴候や前兆という形で発揮した。恐怖、希望、激怒、落胆は鳥や獣や落葉――風や雲や水に恣意的に託された。対象は何でもよかった。ある事柄をまず記憶することによって、別の事柄を記憶するというあの複雑な「記憶装置」のように、私たちは私たちの精神世界を恣意的な連想で満ち溢れさせた。これは「霊妙」で「神聖」だ、これは「タブー」だ、これは「呪い」だ、というように。

同様にして、人体、その機能、その衣服に関しても、私たちは私たち自身の何千何百もの途方もない概念によって自然の単純素朴な真実を見えなくしてしまったのだ。

男性の衣服は、身体的条件によって最も大きく修正される。

女性の衣服は、精神的条件によって最も大きく修正される。女性は非常に限定された活動分野に閉じ込められていて、個人的な快不快は他の誰にとっても重要でなかったので、男性がとっくの昔に脱却した原始的な条件の影響を女性の衣服が保ち続けることは可能だった。

私たち人類のその後の経済的、政治的成長の多様な関係のなかで、男性が大幅に変化してきたのに対して、女性はすべてが概してたった一つの関係――性的関係のなかに留まってきたので、女性の衣服が性別の様々な局面によって、未だに最も大きく修正されているのに対して、男性の衣服は現実的な能率と人類一般の特性の流れに沿って発達してきたのはなぜかということを、私たちは直ちに理解するのだ。

男性は女性の場合には下品で慎みがないと言われかねない服装で――あるいは、そのような服装を欠いた状態でさえも、人目を気にせずに街路を走ったり、川でボートを漕いだりすることができる。男性は人前でも、女性と一緒のときでも、ときには自分自身が驚きかねないほど全裸に近い状態で水泳することができるのに、その男性のそばにいる女性たちは、イヴニングドレスよりも遙かにずっと完璧な衣服で全身を覆い隠している。

そのイヴニングドレスを着た女性が首や腕や肩や背中や胸を人目にさらすのは「慎ましい」のに、ストッキングをはかずに水泳するのは慎ましくないのはなぜか、誰もその理由を説明しようとさえしない。

私たちは人体のある部位には羞恥の感情を抱いてきたのに、別の部位にはその感情を抱いてこなかった――ただそれだけのことなのだ。

その羞恥を覚える部位は様々だ。アフリカには顔を隠すための最後の衣服をはぎ取る若い女性たちがいるという話を読んだことがある。ブルターニュ地方の農家の女性は、頭髪を覆い隠さなければならない。頭髪を人目にさらすのは不謹慎なのだ。

理由など何もないところに理由を探す必要はない。こうした部位の違いは気分や単なる気まぐれから生じたのであり、気分や気まぐれ次第で変化するのだ。

だが、衣服における羞恥の概念がどのようなものであれ、私たちがそれを適用するのは、たいていの場合、女性に対してであって、男性に対してではない。

つぎに衣服を支配する大きな影響力は**象徴**だ。(4)

私たちは通常、この私たちの衣服を修正する影響力がどれほど大きいかを理解していない。

女性の場合よりも直接的で現実的な男性の衣服の場合でさえ、この象徴というファクターは注意を引こうと大声を上げているが、誰もそれに気づいていない。

たとえば、あの威厳の象徴とも言うべき「山高帽《トップハット》」を見てみるがいい。古代エジプトのファラオの時代やそれ以前の時代から、人間は天を衝くような個人的尊厳の意識を背の高い冠《かぶ》り物《もの》で表現しようとしてきた。司教冠、ローマ教皇の高貴な三重冠、古代の賢人の高くて黒い冠り物――これらは他の冠り物とともに、しもじもの者たちの目に大きく映ろうとする、この至極自然な努力の実例となっている。

丸みのある、頭にぴったり合った帽子や、つばの広い日よけ帽では、そのような威圧感は与えられない。真に高貴な帽子《ヘッドカバー》は高く聳えていなければならないのだ。

初期の素朴な時代には、荒くれの強者たちが頭に角や他の恐怖をかき立てるような飾り物を着けていた。昔の日本では、おどろおどろしい面鎧《めんよろい》が敵を威嚇すると考えられていた。この直接的な手段が廃れると、もっと精巧で象徴的な装具が現われ、冠毛《クレスト》の付いたヘルメットが眼光鋭い戦士たちの頭上でいきり立っていたが、それは死に物狂いで戦う獣たちの剛毛が真っ赤な顔の上で逆立っているのとまったく同じだった。

軍装全般は私たちに実用性よりも象徴性を示している。昨今になってやっと私たちが目立った特徴のない無地のカーキ色か鈍い灰色の軍服を着用し始めているのは、虚飾よりも隠蔽が役に立つということが大きな代償を払うことによって証明されたからだ。この国の兵士たちは現在では、大自然の最善の努力に匹敵する「保護的擬態」(5)を身にまとっている。

紳士の衣服で象徴性だけを拠り所にしている唯一の近代的必需品はスターチ(糊づけ)だ。暑くて、汗をかきながら、土を掘る仕事をする労働者はスターチを嫌がる。労働者の苦労する妻は、夫のシャツを洗ってきれいにするだけで手一杯で、「アイロンがけをする」余裕はさらさらない。

だが、金と暇を持て余す男性や、金と暇があるかのように振る舞うことができる職業の男性は、スターチのきいたシャツで輝いている。

スターチは美しくない。人体あるいは人体の一部にごわごわの光輝く白いシャツをまとわせることは、人体の線と動きに真っ向から対立している。男性の心が愛してやまない眩しいばかりの前飾りを胸元に覗かせるくらいなら、大きなディナープレートをぶら下げたほうがましではあるまいか。

スターチは快適でない。スターチしたシャツを内側から支える皮膚がすべすべで無傷な場合でさえも快適でないし、そのシャツを縁《へり》が擦り切れるまで着古したりすると、スターチは軽い拷問の道具と化してしまう。

スターチは清潔でない。石鹸、ぬるま湯、こする、ボイルする、リンスする——これで私たちの衣服の汚れは取り除かれ、清潔になる。太陽光線が衣服をブリーチするのと同じだ。しわになった表面をアイロンでスムーズにすると、下着は肌触りがよくなり、どんな衣服でも見た目がよくなる。だが、清潔にした衣服を手に取って、それを糊に浸し、その後で靴を磨くみたいに磨いても、衣服の清潔度が増すわけではない。

さらに、スターチは見せびらかすために、着衣の外側の人目に立つ場所につける。スターチした下着《アンダーウェア》で魂の安らぎを覚える紳士はいない。そして、清潔に見せようと必死になっている者たち、つまり、しわ一つないぴかぴかのスターチを他人に披露しようと必死になっている者たちは、アンダーシャツよりも頻繁にアウターシャツを取り換える——取り換えるのを一番必要としているのはアンダーシャツだというのに。

ソースタイン・ヴェブレン

ソースタイン・ヴェブレンは啓発的な著作『有閑階級の理論』（一八九九年）[6]のなかで、富裕層によってなされることの多くは、財産があることを誇示するだけのためになされる純粋に象徴的な行動だ、と論じている。

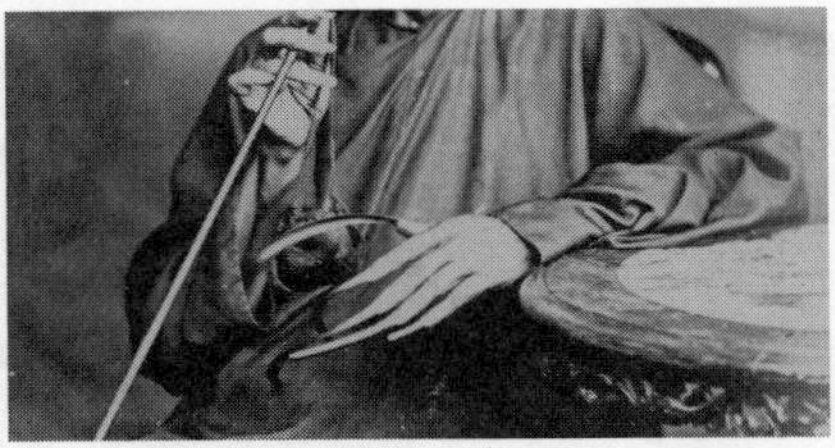

中国清朝時代の官吏の長く伸ばした爪

「衒示的閑暇」と「衒示的消費」のいずれであれ、富裕層は自分たちが働かなくてもいいという事実、いくらでも支払うことができるという事実を吹聴しようとする。

中国清朝時代の官吏の長く伸ばした爪——保護するための細長い「ネイルケース」を装着する必要があるほど伸びた爪は純粋な象徴だ。手を使って何かをする人間は、到底そのような爪を持つことができない。そのような爪はそのような手が絶対に使えないことを目に見える形で示す証拠となっている。

私たちは手を使う肉体労働をそれほど極端に蔑視してはいないが、先の尖ったピンク色の爪を、裁縫も皿洗いも育児もしない女性たちが見せびらかしてはいる。

こうして、糊のきいたワイシャツは、行動のすべてを妨げるほど極端でないとしても、そのシャツを着ている人間が「労働者」ではない——少なくとも肉体労働者ではないという事実を、ワイシャツを糊で固めてアイロンで磨き上げるといった無駄な仕事に金を払うことができるという事実を証明することに、その主たる価値を見いだしている。

象徴というファクターは、ズボンのような実用的な衣服とも深く関わっている。小さな男の子が初めてのズボンをはくことを熱望する気持ちは、もっと楽になれるからとか、もっと自由になれるからということではなく、僕は男の子だという事実を誇示することに基づいている。

母親のなかには、女性に対する侮蔑、それゆえに生じた女性服に対する侮蔑を甘んじて受け入れて、男の子に——お仕置きとして——ペチコートをはかせる者もいる。

だが、女性がズボンをはき、男性がスカートをはく国々では、同じ感情が正反対の衣服によってかき立てられるに違いない。こうした感情は純粋に連想が生む感情なので、特に理由はないにもかかわらず、結びついては離れ、離れてはまた結びつく。

面白いことに、形と襞《ひだ》と線の持つさらに深いレベルの象徴性は、威風堂々たる風格を放つ高位高官が、ズボンをはくのと同じように誇らしげな様子で、未だに礼服《ローブ》や式服《ガウン》をまとっているときに示されている。高位の聖職者、高名な裁判官、大学の要職者、国王――この人たちは、今風の恣意的な連想とは正反対の、自然で正しい連想を利用した、ゆったりとして流れるような線によって、みずからの威厳を高めているのだ。

あらゆる種類のお仕着せや制服は、それが用途に応じて直接的に修正されている場合を除いて、象徴性に基づいている。アメリカ生まれの人たちが、使用人でなければならないときでさえ、いわゆる「苦役の象徴《バッジ》」としてのお仕着せを嫌う理由はそこにある。

料理人の帽子は、料理が髪に触れるのを防ぐためであれ――あるいは、髪が料理に触れるのを防ぐためであれ、合理的な装身具だ。料理人はただ単に料理人であることを知らせるために、それをかぶるのではない――ドラマの場合は別として。だが、「本物のメイド」が頭にかぶっている形ばかりの白い布切れは帽子でも何でもない――それは象徴にすぎない。エプロンの名で通っているフリルの付いた薄っぺらなモスリンの布切れも同様だ。

衣服が象徴の一種として積極的に受け入れられたために、どのような種類の織物や毛皮や装飾品を異なった階級の人々が身に着けるべきかを規定する奢侈禁止令が制定された時代があった。

現在では、人は皆衣服で身を包むべしという基本要件を除いて――それも羞恥という理由のためだけだが――奢侈禁止令は一切残っていない。

だが、法令はなくなっても、古い慣習、単なる惰性、長年の抜き難い伝統、それにお互いの真似をし合う私たちの意志もなければ頭脳もない性癖のせいで、象徴という動機は私たちの現代の衣服のなかにいつまでも消え残っているのだ。

第二章

衣服を修正する力

Some Modifying Forces

人間の衣服は素材や構造という点で私たちの社会生活の一部だということや、毛皮や羽毛が個人的な利用のために開発されているのと同じように、布地は社会的な利用のために私たちによって開発された生きた織物組織だということをひとたび認識したならば、私たちはこの組織のあらゆる形態や用途のすべてに及んでいる進化力の影響をも直ちに認識することができる。

あの古くから伝わるイチジクの葉の物語は、衣服の起源としての責任のすべてを性的羞恥心に負わせているが、私たちとしては、そのような物語を民間で信じられている他の様々な神話と一緒に捨て去って、衣服の起源と発達と変化のプロセスを研究しなければならない。植物界や動物界における同じプロセスを研究するのと同じように。

私たちは前章で略述したあの五つの主たる影響力に導かれているが、それでもなお、さほど重要でない多くの力を分析したり、他の多くの影響力を検討したりしなければならない。

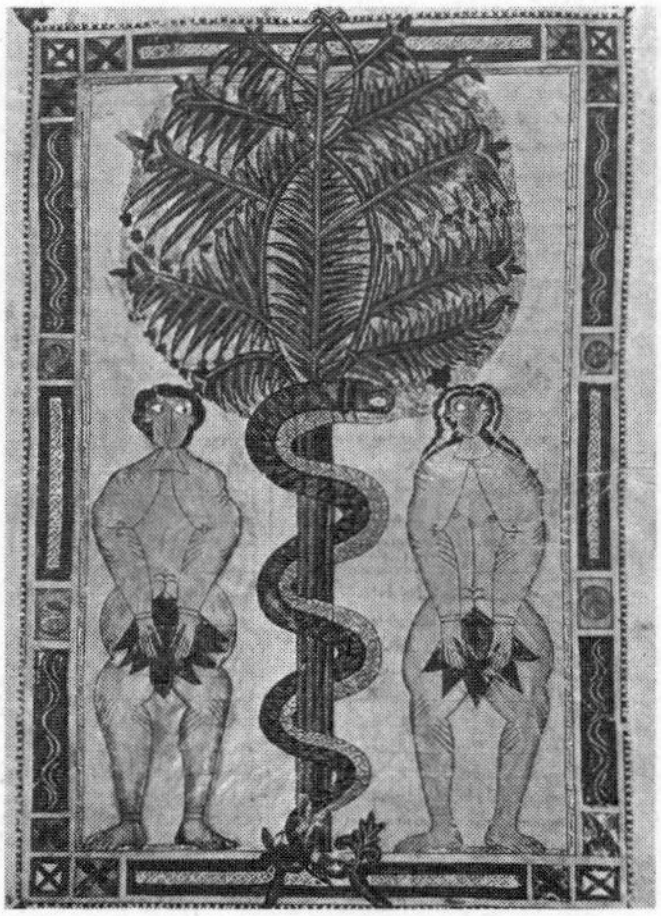
イチジクの葉の物語

あの五つの影響力は主要な動機だったが、他にも二次的、三次的な動機は無数に細分化している。たとえば一人の少女が個人的な感情とはまったく無関係に、「友人の感情のせいにして」、ある種のドレスをせがむときのように。

このような微妙な社会感覚を人間が発達させてきたことは、もちろん、高度な社会化の証拠だが、少女が口にした理由にまったく偽りがないかどうか、友人の感情は想像されたとおりかどうか、あるいはさらに、その少女や少女の友人の感情に明確な根拠があるかどうかは確かめられなければならない。

自然界には修正のプロセスが数多くあり、その働きは複雑で、しばしば矛盾しているが、私たちの衣服に修正力が作用するときも、必然的な結果として、それと同じような混乱や矛盾が起こる。

たとえば、私たちはたいていの場合、幼い子どもたちに白い服を着せる。洗濯しやすいというのが理由の一つだが、象徴性によるところが大きい。白は清潔や無垢と結び付けられる。幼い娘たちの遊び相手として白いウサギを買い与えたある男性は、私の友人に「お嬢さん、羊についで最も無垢な動物はウサギだと思いませんか?」と言ったのだ。さて、ウサギはモグラやカエル以上に「無垢」でもないし、それ以下でもない。しかし、ウサギの毛の白さと柔らかさが、その象徴性によって無垢という印象を抱かせる。若いホッキョクグマも白くてふわふわしているし、オコジョは雪のように白い毛をした動物の決定版だが、大型の猛禽シロフクロウに負けず劣らず獰猛なイタチだ。北極に住むほとんどの動物は白くて獰猛だ。色そのものは無垢でも不純でもない。だが、私たちの罪は「緋色」だとしても、「雪のように白く」清められるだろう、という考え、罪悪は赤色か黒色で、美徳は白色という考えが、私たちの頭のなかにしっかり定着しているのだ。

衣服の研究において、私たちは経済力の影響を重視しなければならないが、この全能と思われている経済の圧力は、それが衣服に加えられるとき、あのより本質的な五つの動機のいずれか一つさえも覆すことにしばしば失敗する。

衣装の経済的差異が奢侈禁止令によって支持されていた時代があった。しかじかの服飾がしかじかの階級の身分にふさわしいということや、この禁止令に背くと罰金が課されるということを私たちは信じて疑わなかった。

しかし、美的感覚や性的魅力の必要性のみならず、他人を模倣したいという力や自分を実際よりもよく見せたいという欲望のような精神的影響もまた、経済や法令の圧力より強いことが判明したのだった。

ずっと以前に、トマス・カーライルは『衣装哲学』のなかで、「ふたまたの大根《ラディッシュ》」のような素裸の人間にはしばしば何の差異もないということを、かりに身体的な差異が存在するとしても、それはしばしば強調しなければならない社会的な差異と合致しないということを明らかにしている。(1)

それゆえに、私たちはラベルや商標に心身をすり減らし、人真似にならないように必死の努力をしてきたのだ。

任意に選んだ衣装を例にとって、それを進化させてきた様々な力、さらにその力の組み合わせや矛盾を研究してみよう。

シンプルで見慣れた衣装の実例として、アメリカの普通の主婦のドレスを取り上げることにする。それは「専業主婦にしかできない仕事」、つまり家族全員のための炊事や掃除洗濯といった仕事をしているアメリカ女性の一六人中一五人が身に着けているコスチュームだ。

これは一体どういう仕事だろうか？　それはどのような個別の活動から成り立っているのだろうか？　どのような環境だろうか？　どのような困難を伴っているのだろうか？

普通の家庭の仕事は、（a）料理と給仕、（b）皿洗い、洗濯、床磨き、（c）埃掃除、掃き掃除、家と家具全般の管理、（d）縫い物と繕い物、（e）病人の介護、（f）子どもの世話から成り立っている。

このような種々雑多な家事の場合、これらすべての作業に適した混合型の衣服を考案するのが難しいことは言うまでもない。特定の衣服を求める経済的影響力が、この無給の労働者としての主婦がそれを購入することを妨げる他のもろもろの経済的影響力と頻繁に対立している場合にはなおさらだ。

この労働に主婦が従事しているという事実は、ほとんどの場合、家計所得に限界があるということを意味している。そしてその動かし難い限界の先には、家族の収入の僅かな一部さえも主婦の個人的出費のために確保することが困難であるという事実が待ち受けている。この困難を克服できたとしても、常に子どものために必要とされている分を自分自身のために使うことは難しい、と母親としての主婦は考える、というさらなる困難が現れる。

その結果、主婦の仕事着の種類を決定する有力な修正力は値段の安さということになる。

さて、この値段の安さは限界以外の何物でもない。それは仕事着の適合性とは何の関係もないのだ。

働く主婦のほとんど不変のユニフォームは、コットンのプリント地でできていて、安価には違いないのだが、その形や材質は主婦の仕事に本当に適合しているだろうか？

主婦は、主たる仕事が料理なので、明けても暮れても料理用コンロや火と関わりを持っているが、火だけではなく、ほとんど常に油脂を含む食物とも関わっている。

コットンは、とりわけ脂で汚れたときは、非常に燃えやすくなる。さらに、縦長のゆるいドレスに何層にも重なって使われているそのような材質に火がつくと、あっという間に火の海が燃え広がり、たとえ床に伏せようと思ったとしても、そうする時間もないうちに、犠牲者は煙を吸って絶命することがあるのだ。

膨大な数のこの種の事故は、一時的に私たちの同情を誘うが、深く考えさせるには至らない。着衣が燃えたために死ぬ男性の話を私たちが耳にすることはめったにない。ポケットにマッチ棒をばらで入れていたり、煙草から火の粉が落ちたりして、服が燃えることがあるとしても、くすぶっている火は簡単にたたき消すことができる。体にぴったり合ったウールやセミウールのドレスが燃える可能性は、一日三回「火の番をする」のが仕事の女性たちが身に着けている、ゆるく垂れたスカートやエプロンに火がつく可能性と同じではない。

この火（主婦の座右の友）に関しては、「後ろで結ぶエプロン」程度の修正しか女性のドレスに加えられていないが、このエプロンは鉄製の料理コンロがより安全な調理器具であるアメリカよりも、覆いのないグリルで料理をするイギリスで一般的だ。

火に加えて、主婦は絶えず水を、それも大概は汚れた水を使っている。毎日三回の皿洗い、毎週の洗濯、床磨きに窓掃除など主婦はいつも水を扱っている。コットンドレスは水を撥ねつけることがまったくできない。火を防ぐための革製のエプロンを持っていないのと同じように、主婦は水を防ぐための油布《オイルスキン》製のコートを持っていない。主婦はただ水に濡れるしかないのだ。この経験は火傷をするよりも頻度が高いが、危険度は低い。このコットンドレスの着用に対する一つの直接的な修正は、他の国々では、メイドやメイドと同じ仕事をする主婦の腕を覆っているドレスの袖を肘の上あたりでばっさり切り落とした「ダッチ・スリーヴ」によって示されているが、アメリカでは、袖をたくし上げることが、それに対する唯一の譲歩なのだ。

濡れたコットンのスカートの上に、濡れたコットンのエプロンをもう一枚つけた洗濯女が、温かい水でますますびしょ濡れになりながら、ずぶ濡れの着衣と水に浸かってふやけた指のままで、木枯らしの吹くなか、ごわごわになった衣類を干すために、屋外へ出ていくのを目撃したことがある人は、女性の衣服がその経済活動にふさわしい形に修正されているなどという考えを抱くことができない。

埃に関しては、言うべきことはもっと少ないが、ここでの主要な問題点は、スカートの何層にもなった縦の襞がもうもうと巻き上がる埃を寄せ集めて、そこに溜めていることだ。掃除をしている女性の場合、このことに私たちは気づかなかったかもしれないが、歩いている女性の場合には、私たちのほとんどが気づいている。歩いている女性は、夏の厚く積もった柔らかい土埃をかき分けて進み、その足によって巻き上げられた噴水ならぬ噴塵は、浮動する渦巻きになって、ペチコートのなかを休みなく循環し続け、その外に出ることができない。女性が家のなかで掃除をしたり、埃を払ったりするときも、同じ結果が生じるが、その程度はもっと小さい。

この不適切な綿織物が女性の衣服に使われていることに対する言い訳の一つは、「他の生地よりも洗濯が簡単」ということだ。男性の衣服も綿製品であれば清潔にしておくのは簡単だろう。現実には、この綿織物は女性の仕事を増やしているにすぎない――果てしなく汚れる服を洗ってアイロンをかけたり、頻繁にくたびれる服を仕立て直したりするという形で。

家事を負担する女性に要求されるもう一つの特別な事柄は、立ったり歩いたりすることと、階段をひっきりなしに上がり下りすることだ。

何人かの男性使用人に女性の服装をさせて、自分の仕事をこなしながら、引きずるほど長いスカートをはくという余計な負担を実感させるのは、注目すべき科学実験となることだろう。

階段を上がるとき、スカートは持ち上げられなければならない。階段を下りるとき、スカートは埃を集めながら、だらだらとついてくる。よくあることだが、女性が家事に加えて赤ん坊の世話をしているときは、このように歩き回ることが――階段を上がり下りすることが、赤ん坊を抱きかかえるという余分な負担によって一層難しくなる。

もし経済的修正の影響が女性の衣服に本当に認められるならば、通りに出ているときや、休養を取ったり娯楽を行ったりしているときに（そのような機会があるならばの話だが）何を着ていようとも、家にいるときは、パンツの類いを身に着けることになるに違いない。ハーレムの女たちは――何もすることがないので――明らかにパンツをはいている。

男性の衣服に対する同じ経済的影響について考えてみよう。

権力者の部屋着《ローブ》の生地がどんなに高級で、どんなにゆったりとしていて長かったとしても、労働者はチュニックの袖をまくり上げたり、胴着《ジャーキン》を短くしたりするなど、労働にふさわしい服装で働いた。男性の衣服が豪華さをゆっくりと失っていった一つの大きな理由は、この経済的要求に合わせた修正だ。男性の衣服は少しずつ縮んだり小さくなったりして、現在の手足や全身をすっぽり包むような形になったり、私たちの「石炭の時代」の要求に応えるために色彩も褪せて暗くなったり、もっと長持ちするように硬く分厚くなったりして、いまでは大いに規格化された、薄汚い妥協の産物と化している。経済的圧力の目に見える結果なのだ。

これが現実的な経済の影響だ。男性にとって綿布《キャラコ》のズボンをはく方が安上がりだろうが、あまり経済的ではない。いや、まったく経済的でないのだ。

男性の衣服には過去の栄光の原初的な痕跡が見られる――剣状のボタン、カフスのようなもの、モールその他の目立たない装飾のひそかな断片。だが、この男性の衣服の大部分は、男性の生活の経済活動に適応しようとする厳格な試みとして成功している。

しかし、女性の衣装はそうではない——女性の場合には、より原始的な動機が君臨している。衣服における根深い性差別は、最も明白な経済的必要性よりも強い力を有している。

私たちの時代において、このような性差別がいくつかの点で姿を消しているのに私たちは気づき始めている。二五年前、私は私の小さな娘にペチコートなどではなく、ドレスに合わせたニッカーボッカーをはかせたことがあった。きちんとした、可愛い、実用的な衣装だった。

ところが、この衣装は母親たちから軽蔑的で辛辣な非難を浴びせられた。その母親たちの小さな娘たちは、ある作家がうまく言っているように、「白いカーネーションのように」フリルがたくさんついたスカートをはいていた。いまでは最も裕福でファッショナブルな家の小さな女の子たちでも、かなり大きくなるまでロンパースを着ているというのに。

あの根拠のない、能無しの、役に立たない、愚の骨頂というべき代物、つまり女性用の丈の長い乗馬スカートと横乗り鞍は、着々と絶滅の一途をたどっている。女性に二本の脚が備わっているという事実を認めることは、もはや下品だとは思われていないし、その二本の脚は幅広く骨盤にはめ込まれているので、もっと臀部が小さい異性と比べて、鞍にまたがって乗馬するのに一層適していることが認められている。

昨今ではセントラル・パークやリヴァーサイド・ドライヴで、キュロットスカートをはいたり、さらに快適なニッカーボッカーと長いコートを身に着けたりした楽しそうな女性たちが、楽々と安全にウマを走らせているのが見られ、長く耐え忍んできたウマも大いに安堵している。

この状況と活動の持っている修正力と、いやいやながら弱まっていく時代遅れな力の支配との対立葛藤を、私たちは水着のなかにはっきりと見ることができる。

男女両性にとってあらゆる点でまったく同じ泳ぐという活動は、類似した水着を必要としている、と誰しも考えるだろう。だが、そうではない——女性は自分が女であることを忘れてはならないし、その事実を明らかにしなければならないことも忘れてはならないのだ。

私たちは海洋動物ではないのだから、水中にいるときは女であることを忘れるかもしれない、と思うだろうが、それは断じて真実ではない。あの古めかしい**性の象徴**《エンブレム》としてのスカートがはっきり見えていなければならないだけでなく、女性は水泳ではなく散歩に出かけるかのように、靴やストッキングをはいていなければならないのだ。

女性用水着が作られ、売られ、着られているが、それの支配的な動機は**性的魅力**と**購買力の誇示**《フラウンス》であって、泳ぐという活動に本質的に必要なものは完全に見落とされている。女性用水着は、フリルや襞飾りで過剰なまでに飾り立てられ、高価な生地で作られている。女性の衣装が通常の影響力から排除され、ほとんど完全に性的誇示のために利用されていることを示す歴然たる証拠は、この「水着」以外にはないだろう。

他方、保護のためにウールで作られ、節度を十分に守るために色は黒っぽくて、分厚く、その他の点では泳ぐという活動が要求する体にぴったり合った最小サイズの男性用水着は、合理的な適応の完璧な実例だ。人目につきにくい場所では、男性は上衣を脱いで、短いトランクスだけで泳ぐ。他の男性たちとだけのときは、男性は全身を皮膚ですっぽり覆われた状態で——つまり素っ裸の状態で泳ぐ。だが、男性用水着は男性を束縛することはない。

女性の衣装の場合、これまでの修正力の継続的な重圧にもかかわらず、徐々に正常な進化を遂げているのに注目するのは興味深い。このことは例の現代の産物である「テーラードスーツ」(2)に如実に示されている。このテーラードスーツは、ブラウスや「シャツブラウス」と同様に、ビジネス目的へのあからさまな譲歩だ。テーラードスーツ以前には、女性の衣服としては、低賃金労働のための服か、寛ぐための服か、見せびらかすための服しかなかった。「ビジネススーツ」はビジネスウーマンへの譲歩だ。この種のドレスを最初に要求したのは恐らく学校教師だった。アメリカでは、この制服を着用する職業の女性教師たちは、数千人単位で増え続け、雨の日も風の日も、毎日家から出ていかなければならなかった。その後、いたる所に女性店員《ショップガール》や女性事務員《オフィスガール》が出現して、同じように強制的に毎日家を出て、比較的似たような条件で働くことを余儀なくされた。

ここでは産業革命の影響が強く感じられたが、迅速な対応がなされた。地味で黒っぽい色のスカートと上着、ゆったりとした着心地のよいブラウスが登場して定着した。男性たちの場合のような完全な規格化はまだ見られないが、有用であることを広く示すに十分な程度には規格化されている。

事実、規格化は衣服における社会的進化の最高の結果の一つだ。規格化の特性を私たちはしばしば「単調だ」「醜い」「個性の破壊だ」と非難し、その真の価値を評価することは極めて稀なのだ。

ハクチョウやグレーハウンドやツバメがどれも同じ毛色をしているという理由で、単調だと言う人は誰もいないし、ウマがピンク色や青色や緋色をしていないという理由で、醜いと言う人もいない。本題に即した例を挙げると、非常に多くの古代ローマ市民が着ていたという理由で、私たちが外衣《トーガ》を非難したり、最盛期に男性の一般的な服装だったという理由で、胴着《ダブレット》とタイツを非難したりすることはない。

現代の男性の衣服は装飾美において修正すべき点が多々あるし、機械的適応において完全でないし、色彩はうんざりするほどくすんでいるが、女性の衣服との間に大差をつけている長所が一つあって、それが規格化ということなのだ。

肌着からオーバーコートまで、男性は誰でもどこの衣料品店でも衣服を買うことができる——一定の限度内ではあるけれども。

その結果、何人かの男性グループが一緒にいるのを見かけるとき、男性たちは主に個人的な特性によって自分を他者から際立った存在とすることになる。そのグループのなかの特定の男性にあなたは目を留める。その男性の顔や頭の形や両手の特徴をあなたは眺める。その男性がもしハンサムだったら、あなたが見とれているのは、その男性自身であって、ふさふさの髪の毛でも衣服でも羽飾りでもリボンでも宝石でもヴェールでもないのだ。

もしその男性がハンサムでないとしても、それを恥ずかしく思ったりはしない。その男性はあくまでも男性であって、男性は美しさで評価されるわけではないからだ。男性は自分を実際よりもハンサムに見せようとしなくてもよい。男性はまた自分を実際よりも若く見せようとしなくてもよい——「プレイボーイ」という数少ない極端な場合や経済的な圧迫を直接受けている場合は別として。染髪剤は男性労働者に最もよく売れるという話を私はイギリスで聞いたことがある。

男性と女性の間の大きくて不自然な格差は、性別ではなく、恣意的な身分の違いという格差は、衣服において最も顕著だ。

外部状況の影響は男性には自由に作用するが、ほとんどの女性たちが閉じ込められている、過保護で隔絶した世界へはゆっくりとしか浸透してこない。男性の衣服は必要かつ進歩的な変化にとても素早く反応するのに、女性の衣服の場合、圧倒的に優勢な性的モチーフがさらに一層際立っているので、両者の間の目に見える時間差は歴然としている。

ファージンゲール

いま触れた時間差というのは、後に議論されることになる苛立たしいまでの「ファッション」の急展開ではなく、男性の衣服が現代風に変化してしまったずっと後でも、女性の衣服は依然としてファージンゲール[3]の時代に留まっている事実、男性は現代の簡素で実用的な布地において百年も進歩しているのに対して、女性は「エンパイア・スタイル」[4]のモスリンの繊細さを保ち続けている事実を指している。女性たちが閉じ込められた状態で、男性よりも小さくて古い世界に住んでいる限り、新しい力の健全な重圧から切り離され、その気まぐれな「スタイル」にもかかわらず、旧態依然としたままであることは疑いの余地がない。

性の露骨な強調というもう一つの特質は、女性の衣装における主要な修正力だ。この点は私たちの研究においては避けることができないので、最初に注意深く考えておかねばならない。

まず、明確に理解されるべきことは、この女性の衣装における過度に支配的な性的魅力という非難は、この目的に対する女性の側の意識とはまったく無関係であるということだ。女性が衣装を選んで身に着けるとき、その衣装が「似合っている」と考えるとか、「スタイリッシュ」であると知っているとかいったことだけが、それに決める根拠になっているかもしれないし、現にしばしばそうなっているのだ。

しかし、女性にまったく気づかれないまま、その衣装のデザイナーはある程度ヴェールをかけた性的魅力を自分の作品のなかに忍び込ませているのだ。ときにはこれがあまりにもあからさまなので、卑猥と見なすべきか、滑稽と見なすべきか、判断がつかなくなることがある。かつて私はこのような衣装の見事な実例をある女優が身に着けているのを見たことがある。ドレスそのものは素晴らしく、色合いはグレーで、長い裾が床を引きずり、密に並べられた柔らかく輝くラメで覆われ、体にぴったりと合っていた。しかし、このすばらしい下地には、そのドレスの主要な叫びが表現されていた。前面に茎の長い花の高く聳える主軸が三本描かれていた。黒いチューリップか、それに似た大きくて硬質な形状の花だった。黒い茎はドレスの縁《ヘム》から立ち上がり、まっすぐ上に伸びていって、唐突に途切れたあたりに、乳房を覆うけばけばしい花が二輪あった——そして、まさに骨盤のあたりにも一輪の花。

その女優は三つの感嘆符、三つの指示マーク、見る人が考えるだろうと思われることを平易な活字体で布告する三枚のプラカードを掲げているのも同然だった。もちろん、これは極端な実例、ほとんどの女性が拒絶するような顕

チャールズ・リード

著な実例だ。問題の女優が拒絶することもなく、すばらしいと思って、身に着けることを喜んでいるのは、女であるという事実を多種多様な巧妙なやり方で強調するような類いのドレスなのだ。

イギリスの小説家で劇作家のチャールズ・リードは、「力強き男たちが持つにふさわしいもの」を意味するラテン語の題名の付いた面白おかしい短編のなかで、女性がスカートを身に着けるのは、スカートが快適であるからでも、美しいからでも、役に立つからでも、似合っているからでもなくて、妊婦が外見を隠すために、あるいは少なくともそれが目立たないようにするために、そのようなカバーを必要としているからだ、と説明していた[5]。

このスカートに関する前提を認める人でも、恐らく最初は、妊婦との論理的な関係を理解することができないだろう。たとえ妊婦がそのようにゆったりとした布をまとう必要があるとしても、なぜ元気溌溂な少女や虚弱な老女が同じように不便な思いをしなければならないのか?

これに対する答えは、不幸な妊婦や非難されるべき妊婦は、必要を満たしてくれる特別な衣装を選ぶことによって、妊娠という状態に世間の注意を促さないようにしなければならないからだ、ということになる！

これとの関連で、あの快適で、気品があって、健全な中国人女性の衣装、あのゆったりとしたズボンと長い上着に言及したり、この種の衣服のせいで、皮相な観察からだけでは、女性が妊娠しているかどうか絶対にわからなかった、という中国に長年住んでいる女性医師の意見に言及したりするのは適切なことだろう。スカートに関しても私たちは同じことを言えるだろうか?

女性にはまず、あの明らかな限界がある――スカートをはかなければならないという限界だ。そして、その結果として、男性の衣服と女性の衣服の間に微妙で限りない差異が生じるが、それは女性の衣服をとても薄く、柔らかく、軽く、色彩や装飾を豊かにする傾向があるので、男性と女性は別の人種に属していたと考える人もいるほどだ。このような差異は、ときには鳥類、獣類、昆虫類にも見受けられるが、目の届く範囲に限っても、「オス」に分類されるのは常に「強き性」だ。「メス」は目立たないままでいる。

では、これほどまでに自然の法則を否定し、これほどまでに人間の女性の女性性を奪い、この不自然で非女性的な装飾に対する熱狂をこれほどまでに女性に強要する修正力とは、一体何だろうか？

それは女性の衣服に加えられた経済的圧力の一つの主要な表出だ。男性は多くの職業の様々な要求に応じて、農場、商店、ボート、ウマ、事務所など、経済環境が何であろうと、それに衣服を合わせてきた。

女性は、家庭内でどのような形の労働に従事することが期待されていようとも、経済上の利点をもたらす基盤的手段は、男性を喜ばすことにあると気づいた。男性を介して、富も喜びも、さらには社会的地位も家庭も家族も女性は手に入れた。

男性が将来の配偶者で子どもの共同養育者だっただけでなく、将来の食料供給源で一般収入源だった遠い過去の時代から、この必要不可欠な生計維持者の一人をしっかり確保するために、女性は女性に開かれているあらゆる手段に頼ることを余儀なくされてきた。

農夫の妻の運命は過酷だったが、誰の妻でもない女性の運命はもっと過酷だった。未婚の女性の人生には何の機会もなかったからだ。それゆえ、女性は、手枷足枷をかけられたような極限状況のなかで、この男性を喜ばすという主要な経済的必要性によって最も大きな修正を受けることとなった。

この女性の努力は必然的に女性に許された領域で尽くされねばならなかった。直接的な労働とサービスの段階、つまり男性の胃袋を介して男性の心に訴える道を通り過ぎたら、男性の心に通じる第二の道は男性の目を介してであることを女性は発見したのだった。

要求されているのは**美しさ**ではない。要求されているのは二つ——多様性と男性を喜ばせようという目に見える努力だ。ある正直な男性が説明していたように、男性が女性の化粧を褒めるのは、化粧が男性の気を引きたいという女性の切なる願いを表しているからだ。女性の振る舞いが粗野であればあるほど、男性の気を引くことだけが女性の動機であることを一層明白に物語っている。

いくつかのヨーロッパの国々で早くから広く支持されている「ドレス改革」[6]に対する現代の女性たちの様々な努力のなかに、真の美的感覚と健康的かつ経済的必要に対する鋭い認識と、この圧倒的な性的・経済的な力の重圧、つまり男性を喜ばせることに対する願望と必要性との間の対立抗争を私たちは読み取ることができる。

他方、過去数年の間に、世界が長年苦しんだことがないほどに愚かで、極端に女性的な衣装が着られた時期を私たちは経験した。そして、現在の私たちが成し遂げたささやかな改善のなかに、永続的な進歩の保証はいささかも認められない。

絢爛豪華な装飾品、おびただしい数のビーズや宝石、高価で贅沢な生地や奇矯なシルエット、不必要な毛皮や過剰すぎる羽飾りのなかに、女性を意味する大文字の「W」のイニシャルを自分自身に貼り付けて、「私は女よ。男を喜ばせたいの」と大声で叫んでいる女性を私たちは未だに見いだすことになるのだ。

残念なことに、女性は男性を喜ばせることにしばしば失敗する。

本当に現代的な男性は、そのような古めかしい策略のはるか先へすでに行っているのに、女性は依然として背後に置き去りにされたままだからだ。

第三章

関連する原理

The Principles Involved

人間の作り出したものを私たちが的確に評価するためには、その生成に関わったもろもろの原理を知っていなければならない。

目に美しく、手に優しく、匂いが好ましく、さらに味覚を楽しませる料理法が完成したとしても、そのいずれも出来上がった食品を判断するための十分な根拠にはならない。その食品はある程度栄養がなければならず、そうでなければそれはまったく価値がない。消化吸収が容易であることはその食品の価値を高めるが、それはさらに有害な成分を含有していてはいけない。

あるいはまた、大河に架かる橋が認可を求めているとする。芸術家は風景の一部としての橋の美しさを承認するかもしれない。一般旅行者は橋が広くて渡りやすいと思うかもしれないが、もしそれが土木工学の原理において健全性を欠いていて、洪水時における水圧に耐えることや、通過車両の摩擦や重量や震動に耐えることができないなら、それは優れた橋とは言えない。

人間の衣服は数多くの観点から評価しなければならない。衣服と生活との関係は決して単純ではない。即座に使用可能という明白な必要条件を満たさなければならないし、私たちの生理や心理の法則に背いてもいけない。

衣服は社会的必需品であるだけでもなければ、多くの場合、身体的な利点であるだけでもなければ、しばしば機能的な補助であるだけでもなくて、高度に審美的な価値を付与されたり、心理的な表現と最も密接な関係を持ったりもしているのだ。

人間の衣服に対して明確な判断を下すに当たって、私たちは、数多くの立場から、関連する原理を十二分に熟知した上で、人間の衣服を的確に評価する能力を備えていなければならない。

そのような判断力があれば、現今、世間で広く評価されている数多くの衣服がいかに非実用的で、有害で、醜悪で、誤っているかを示し、今後、私たちが賢明に衣服を受け入れたり非難したりするための一定の判定基準を設けることができるだろう。

そうした判断を私たちが総じて下すことができないのは、正しい衣服の基本原理のいくつか、あるいはそのすべてに関して一般的に無知であるからだ。私たちが加えるごくありふれた服飾批判は、基礎も教育も欠いた、個人的な好みといった程度の極めて底の浅い基準と、「スタイル」や「ファッション」と呼ばれる、後で詳述する必要が生じるほど重要な修正力を持つ属性に基づいている。

主として女性の衣服に向けられた、「衣服の改革者たち」のばらばらな努力の主要な問題点は、衣装の衛生的な影響、つぎに審美的な特性、それに非常にわずかながら個人的な表現という原理に限られている。

だが、様々な基本的法則、私たちの衣服が身体だけでなく精神とも結んでいる密接な関係、衣服の極度の社会的重要性、生活のあらゆる関係における正しい衣服の現実的な必要性などに関する明確な知識がなければ、いかなる健全で徹底的な変革も起こすことができない。

この研究を手掛けるに当たって、当然のことながら、私たちは人間の生活の特質や目的をはっきりと理解していなければならない。船が何のために存在するかを知らずして、船の索具を批判することはできないからだ。

そこで、簡潔ながら、この議論の目的のために、以下のように仮定するとしよう——

a. 人生は**成長**と**活動**である。
b. 人間の生活は二面的で、**個人**と**社会**から成り立っている。
c. 個人的生活は**個人的関係**における自由な**成長**と十全な**活動**を要求する。
d. 社会的生活は**正しい社会的関係**の自由な**成長**と**社会的活動**の充足を要求する。

エドワード・リアの
『ナンセンスの絵本』より

さて、衣服とこの人間の生活の定義の概要との関係を示す卑近な実例をいきなり示すために、ある少年が靴を履くが、エドワード・リアのナンセンス詩[1]に登場する「アーリーおじさん」の靴と同じように、その靴はきつすぎる、と仮定しよう。

この靴は（a）少年の個人的成長を妨げる、（b）足を引きずって歩いて、思いを寄せる女性の不興を買うという形で、少年の個人的関係を妨げる、（c）**社会的関係**における少年の成長を遅らせる、（d）手に入れたかもしれない交友関係や職業から遠ざけることによって、**社会的活動**における少年の価値を低下させる。

これは一人の男性の靴が一人の男性の人生に対してどのような関係を持っているかを示す一つの具体例にすぎないが、関連するいくつかの原理を説明するには十分だ。

機能的には、靴は丈夫であるべきで、湿気や冷気や摩擦に耐えうるものでなければならない。

生理的には、靴は足にぴったり合うべきで、若いときには成長のための余地を、自由な活動のための余地は常時、残しておかねばならない。

こうした靴の明白な必要性の他に、男性の靴が男性の同僚、男性の心理状態、男性の雇用者の態度、男性の職務の遂行、男性の社会的有用性などに及ぼす影響を私たちは見ることになるだろう。さらに、あらゆる人間の行為は倫理的に評価され、靴は行為の必須条件であるから、この種類の靴は（特定の人物にとって、特定の条件の下では）正しい靴であり、あの種類は誤った靴である、と私たちは言うことができるのだ。

前述の人間の生活の定義に話をもどすと、ある衣服を個人的な成長や行動、社会的な成長や行動によって評価する場合でも、その衣服に対する評価は特定の場所と時間に関わる相対的価値について幅広い修正の余地が依然として残っているということは容易に理解できる。

たとえば、靴の場合には、きついエナメル革の靴を履いた男性は身体的には不快だろうが、それを履くことで、妻をめとったり、社会的認知が高まったり、まっとうな仕事に就いたりすることさえできるかもしれない。これに対して、もしモカシンや毛織のスリッパを履いていたりすれば、男性が覚える身体的な快感は、他方面における将来の見込みが受ける痛手によって完全に相殺されるだろう。

人間の行為のいかなる側面も安易に評価できるほど単純ではない。社会組織のなかで昇進すればするほど、私たちを取り巻く人間関係は複雑になる。だからこそ、正しい原理を明確に認識し、それを厳格に順守することがますます必要になるのだ。

では、衣服に対する明確な判断基準を確立するために、この種の信頼できる手引きを提示することは可能かどうか考えてみよう。

この問題を単純な側面から、つまり個人的な側面から研究する場合には、安心して身体の健康を足場にすることができるだろう。

動物的な快感のささやかな基礎にとっても、基本的な身体機能の発揮にとっても、さらに高度で微妙な社会的関係にとっても、身体の健康と効率は絶対に不可欠だ。

私たちの原理は以下の順序で分類することができる――

身体的――機能的、衛生的
心理的――審美的、倫理的、社会的

したがって、前者の二つの基準から判断すれば、健康を害し、効率を下げる衣服はどれも**誤っている**と評価できる。後者の三つの基準から判断すれば、正当な審美的あるいは倫理的基準に反し、正しい社会的成長を阻む衣服は**誤っている**と評価できる。

まったく異質な例を公平に評価するのは、いつの場合でもずっと容易なので、私たちがすでに結論を出している知られた実例を取り上げて、なぜそれが一般的に非難されるかを考えてみよう。その実例というのは「金の百合《ゴールデン・リリー》」[2]の名で知られる、中国の大部分の女性たちに長期間にわたって強制されてきた、足の自由を奪い、足を変形させる「纏足《てんそく》」のための靴だ。このような靴を私たちは絶対に使ったことがないので、それが誤りであることに喜々として同意し、そうする私たちは完全に正しい。先に挙げた私たちの原理のすべてに照らして、その靴は誤っている。機能的には、それは足の活動を著しく制限し、不能にするからだ。衛生的には、このような制限は健康に悪影響を及ぼすからだ。審美的には、不自由になった足、萎縮した脚、ぎこちない歩き方は人間の美の条件に背くからだ。倫理的には、当初の残酷さと永続的な制約を伴うからだ。そして、社会的には、性的な特徴のグロテスクな誇張と倒錯をもたらし、受難者の社会的な成長と活動を阻害するからだ。

だが、この中国で非常に長い間維持された慣習は、誤りではなく正しいものと考えられ、前述の論拠のすべてに基づいて擁護されていたことに疑問の余地はない。機能的には、それは女性が逃亡するのを阻み、女性を一層従属的にしたからだった。衛生的には、それは女性にふさわしい繊細さとか弱さを維持するのに役立つからだった。審美的には、それはきわだって美しい（?）からだった。倫理的には、それは然るべき忍耐力や持久力を育むからだった。そして、社会的には、それは女性を社会との正しい関係に留め置いた——つまり女性を社会から完全に疎外させたからだった。

前述の原理に基づけば、「金の百合」を非難することは私たちにとってなんら難しいことではないし、この非難を正当化する明確な論理の道筋をたどることも難しくはない。だが、この中国の習慣を支持した人々の精神態度にわれとわが身を置くことは難しいし、人間の身体に加えられた残忍極まりない虐待を擁護した論理的思考に従うことも難しい。

もう一つ別の実例を異国からとってみよう。いくつかの東洋の国々で女性がヴェールや覆面を着用する習慣だ。この習慣もまた誤りだとすることに私たちは同意するが、当初の残酷さが少なく、身体の機能損失もそれほど完全でないので、前の例ほど誤ってはいない。しかしながら、目の使用に対する機能的妨害から性に関する誇張された主張と社会的関係からの排除という社会的謬見に及ぶ、纏足の場合とまったく同じ原理に基づいて非難することができる。中国の場合と同じように、それらの国の意見では、この習慣は女性の本性と地位にまったくふさわしく、必要でさえあるとして擁護されている。

女性の衣服という全体的主題は、この性に関する主張によって過重の負担を背負わされている。女性が女性としてしか捉えられていないこと、そして、社会全体と女性との関係が無きに等しかったということを、それはいかなる言葉よりも明らかに、絶え間なく示している。女性にとって、**社会**という言葉自体が歪曲され、矮小化されてしまっている。大半の女性にとって、社会はある種の娯楽を意味するようになっている。有閑階級の連中が集まって、飲食やダンスやトランプ遊びに興じることが「社会」だ、と女性たちは本気で考えているのだ。

人間関係を求める人間的欲求を満たすと同時に、女性を他者との正常な真の交流から完全に排除するために、このまやかし社会、この幻影空間、この模造の「世界」が創り出されたのだが、配偶者が経済的に余裕のある女性たちは、そこで暇つぶしのための趣味や娯楽を見つけている。

配偶者に経済的余裕のない他の女性たちは、この「お偉いかたがた」のゲームを羨望の眼差しで仰ぎ見ていて、中間層の女性たちにおいては、真の知性と創意、それに並外れた忍耐力が「社会に入り込む」ことにむざむざと費やされるのを私たちは目の当たりにしている。

衣服は本質的に社会的産物、社会的必需品であり、この種の「社会」が大半の女性が知っているすべてなので、当然のことながら、女性の衣服は主としてこの「遊びの世界」の恣意的な要求に合わせて修正されている。

服装の心理学では、人間の心のあの一般的な現象、ある行為や事物に感情的な価値を恣意的に付与する力を最初に考慮しなければならない。この力は実質的には無限大だ。私たちの「感情」、精神的感覚は、受動的な形であれ、能動的な形であれ、エネルギーの受容と発散から成り立っている。

ポール・シャバ「九月の朝」

一枚の絵、たとえばポール・シャバの「九月の朝」[3]を、動物の群れに見せたと仮定しよう。動物たちはそれを着色した布片として「見る」が、何の感情も喚起されない。それでは、この絵を男性、女性、子どものグループに見せてみよう。子どもたちはそれを見て、それが何であるかを理解して、「水着を着ずに水のなかにいる女の人」と呼ぶだろう。この絵を見た男女は、子どもたちよりももっと「感じる」だろう。柔らかい朝の光の淡い温かさや美しさ、水浴する女性の若さと淑やかさに心を打たれる者がいるかもしれないし、それまでに受けた教育に応じて、下卑た喜びの感情を抱く者もいれば、容赦ない非難の感情を抱く者もいるだろう。

先住民の多くは自分たち自身を撮った何でもない写真を見て恐怖と嫌悪を覚えるが、それは魂が自分たちの体から写真の持ち主に乗り移ると信じているからだ。

様々な民族の信心深い人々は、ある種の絵画を神聖と見なし、それを見ると最も深い感情を経験する。この畏敬の念という感情は、人類によって最も恣意的に確立され、最も広く経験されている感情の一つだ。私たちは、ある種の対象物を神聖と考え、それを見ると、激しい感情を経験する。子どもはそうはならないが、そうならなければならないと教えると、すぐにそうなる。この感情を私たちは印刷本、彫像、石造建築、ロザリオなどに対して抱くかもしれない。

歓喜、恐怖、嫌悪、不安といった他の感情にも同じことが言える。こうした感情はいずれもある種の対象物に対する恣意的な愛着と反発を可能にする。

最も直接的に手に入れることができて、最も普遍的に視覚に訴え、最も修正を受けやすい表現形態としての衣服のなかに、私たちは自由な感情表現の場を常に見いだしてきた。その表現のいくらかは直接的で、真摯で、絶えず支配し続けている掟に基づいている。原始的な部族においては、たとえば悲哀を表すために「荒布と灰」[4]を身に着ける行為に見られるように、感情表現が最も率直であると私たちは考えるが、これは同じ目的のために自分の体を深く傷つける行為よりは一段上の行為にすぎないのだ。

第一章の動機の要約でも述べたように、衣服における基本的な動機のなかで、**象徴**は最も強い動機の一つだが、その象徴性は未開状態の粗雑なポスター宣伝効果から、私たちの現代の服装における「リアル」と「イミテーション」、「手作業」と「機械加工」の最もデリケートな区別に至るまで、広範囲にわたっている。

この衣服に関わる原理の研究においては、私たちは特定の衣服や衣服のシステムの相対的価値を測るための明確な方法を確立しなければならない。

これを公平に行うためには、現在の価値付与は不明確で一貫性を欠いているという事実を念頭に置いておかなければならない。ある特定の時代の特定の民族が、ある種の衣服を「高貴だ」「美しい」「堂々としている」「洗練されている」あるいは「礼儀にかなっている」と考えているからといって、それがそうなることは決してないのだ――「金の百合」を見るがいい。

私たちは、現存の感情や既存の感情を一切考慮することなく、現代の衣服について研究する準備をしなければならない。この大いなる社会現象の根底にある事実と法則、つまり社会学の事実と法則がどこかにあるはずで、そのなかで私たちはこれらすべての原理の作用を研究しなければならない。

女性の衣服は、全般的には男性の衣服を修正する法則と同じ法則の下で研究することができるが、二つの際立った、相互に依存する相違点がある。観察者に対して開かれている相違点――性の拡大と、それほど観察されてはいないが、より重要でさえある相違点――社会的発展の制限の二つだ。

私たちの社会的関係は人間の発達の最新かつ最高の領域であるので、その要求は、それが個人の健康と発達を絶対的に危険にさらす場合を除いて、他のすべての要求を凌駕しなければならない。どれほど社会的に魅力的な衣装であっても、ある一線を越えて個人の成長と活動を抑制するようなことがあれば、長続きはできないだろう。だが、人間の表現の他の多くの領域におけると同様に、衣装の領域においても、個人の利益と矛盾せず、社会の利益も妨害しない状態で何かを維持することはこれまで可能だったのだ。

女性の衣服に対する主たる異議申し立ては（ここでは衣服をまとう民族の大多数のそれについて語っているのだが）、衣服がその着用者の社会的発展を明らかに阻害しているということだ。この阻害は最も深刻なダメージで、健康への悪影響、快適と自由の妨害、男女の性別に対する絶え間なき強調をはるかに上回る。

この問題に立ち向かうに際して、私たちは私たちの複合的な生活、私たちの個人的・社会的存在の特性[5]に改めて注目しなければならない。

人類が種の繁殖に十分な時間を生きている限り、人種は絶滅しない――オーストラリアのアボリジニーを見るがいい。人類は、社会組織のレベルが非常に低くても、個人的には非常に快適で健康で幸福に生きることができる――南洋諸島《サウスシー・アイランド》の人々を見るがいい(6)。

高いレベルの社会的発展は、大きな集団の個人に加えられた深刻な損害と矛盾することなく達成することができる――現代までの歴史全般を見るがいい。

高いレベルの社会的発展は、女性に加えられた深刻な損害と矛盾することなく達成することができる――古代ギリシア、中国、オリエント全般を見るがいい。

最高レベルの社会的発展は、すべての有能な個人が最大限の利益を共有するのでなければ――そしてまた、不可欠な条件として、その高い関係の最大限の義務に全員が参加するのでなければ、決して達成することができない。

いまここで私たちは、社会的表現の一つの形態である服装が、社会構成員の半分である女性に及ぼす影響を研究している。私たちが選択した原理のうち、少なくとも今日の文明化された女性の間では恐らく重要度の最も低い原理として、女性の服装の機能的条件を研究してみよう。

機械技師の視点から見ると、人体は非常に繊細で、非常に力の強いエンジンで、多種多様な用途で使うことができる。何よりもまずそれは立ち上がることができるし、歩いたり、走ったり、跳ねたり、泳いだり、登ったりすることができるし、持ち上げることも、運ぶことも、引っ張ることも、押すことも、叩くこともできる。こうした素朴で原始的な力の向こうに、私たちの無数の工芸品や芸術品に関わる身体的な技能の絶妙な繊細さのすべてが存在しているのだ。

こうした機能的な可能性は、人体そのものの持つ可能性であって、決して男性の身体だけに限定されているのではない。

女性の身体の機能的な特徴は、子どもを産み育てることを可能にするが、だからといって、ごく一時的な場合を

コルセット。*Illustrated Police News*, June 25, 1870 より

除いて、女性が一般的な人間の力の発揮するのを妨げはしない。出産間近の妊婦が、少女時代のように速く走ったり、遠くに跳んだりできないのは事実だが、この一時的な制約が女性を生涯にわたって無能力にするというのは事実ではない。

女性という性に属するそのような機能的障碍を、女性は他の多くの動物と共有しているが、どの動物もその性の特別な活動によって、その種に必要な活動ができなくなることはない。世間で伝えられている女性の「弱さ」、女性は何かをする能力が生まれつき備わっていないと思われていることは、大部分が女性の衣服の機能的障碍に起因している。

私たちはここで健康の話をしているのではない。足の不自由な中国女性たちのなかには病気にかからずに生きている人もいるだろうし、ハーレムのヴェールをかぶった美女たちが健やかな高齢期を過ごすこともあるだろうが、ここで強調したいのは病気ではなく、緩慢さ、ぎこちなさ、ひ弱さ、よちよち歩きの子どものようなたどたどしさという点だ。

私たちが愚かにも文明国と呼んでいる国々において、私たちと同類の女性たちの間では、衣服の主要な機能的障碍は、コルセットとスカートと靴の三点に起因している。

コルセットは、「ステイ」と呼ばれた胸当て《ブレストガードル》の最初期の形態では、先住民の腰布と同様、機能的な補助具だった。柔らかい体幹筋には全然影響を与えず、呼吸を抑制したり胸部の発育を妨げたりするほどきつくもなければ、身体へのダメージもなかった。この古くからある実用的な装身具は、現代のダンサーや体操選手が使用しているのを現在でも時折見かけることがある。

しかし、コルセットは、より近代的な形態になると、まったくの別物に変貌した。「ステイ」としてのコルセットの装着範囲は体幹全体に及んだ。私の知人の女性が、妊娠中の女性にかけた言葉がある。「これまでにコルセットを着けたことがなくても、いまはあなたの背中を支えるためにコルセットが必要なのよ」（強調は筆者）

女性の身体は背骨や体幹を支える筋肉の機能的な利点を欠いているために、身体を整えたり支えたりするために、永久的な副木の一種である硬化包帯で補強しなければならない、と一般に考えられていた。

この包帯の機能的効果は、他のきつくて硬い器具のそれとまったく同じだった。締め付けられた筋肉は弱まり、萎縮し、ほとんど失われてしまって、結果として生じた弛緩して形を失った筋肉の塊が、「支え」と「形」を必要としていたのは、それ自体の支えと形を失ったために他ならなかった。

ところで、身体の筋肉は思いのままに変えたり抑えたりすることができる単なる装飾品ではない。身体の筋肉は、複雑に調整された機械の部品であり、その機械が完全に機能するためには、すべての部品が必要不可欠だ。身体のどこかの部分が発育を妨げられたり弱められたりすると、その機能的効率全体が損なわれる。殺す必要もなければ、病気を引き起こす必要さえもない。翼を切り取られた小鳥は、順調に育って太るかもしれないが、飛翔する機械としては重大な損傷を受けている。

機械としての女性の身体は、コルセットによってグロテスクなまでに損なわれた。それは楽に立っていることも長く立っていることもできなくなり、自由に前かがみになることもできなくなった。女性が落としたハンカチを男性が拾い上げるというお馴染みの騎士道的行為にしても、この装身具を女性が身に着けている事実に由来し、「女性が身をかがめるのは難しい」という考えに端を発している。それは女性にとって難しいのではない――コルセットにとって難しいのだ。

偶然にも、ここ数年以内に、女性の身体のサイズや形を決め、それを意のままに変えることを至高の使命とする人々が、まず「ストレートフロント」コルセット[7]を、ついで現在ではショーウィンドーに飾られているあの驚くべき代物を私たちに提供したのだが、それはウエストからほとんど膝まで伸びていて、ヒップと腹部を鋼と骨とゴム紐で締め上げ、ガーターの厳しくて複雑なシステムを支えるフレームワークとして主に役立っているように思われる代物だ。

これは純粋に機能の問題であり、そのようなものとして、女性の身体にとっては男性の身体にとってと同じように滑稽で有害だ。もちろん、脚には性別はなく、ストッキングにも性別はない。もし男性がこの複雑怪奇な装置の一つに大真面目に身を固めて、慣れ親しんだ仕事に従事する気になったとしても、たちまちのうちに機能的な不便が結果的に生じるのを感じることだろう。これまでそのような窮屈な装身具に慣れていなかった女性であれ、丈夫で、手足が自由で、筋肉質の普通の女性であれ、その一つを身に着けただけで、誰でも同じ不便を感じることになる。

このコルセットが鋏にしっかり巻き付けたゴム紐に劣らず愚の骨頂であることは、関連する他の原理を持ち出すまでもなく、機能の原理だけで十分に示すことができるのだ。

スカートは、機能的に言えば邪魔以外の何物でもない。着用時には腰の筋肉をすぼませて、多少なりとも傷つけ、重さの点では同じ重さの他の障碍と同じ影響を及ぼし、移動時には両脚にかかる摩擦と圧迫のせいで、絶え間なく障碍となる。

私は最近、氷上じゃがいも競争[8]の映画（前半は男性版、後半は女性版）を観た。手足の自由な男性は目にも止まらぬ速さで、しかも旋回するツバメのような優雅さで、前後に飛び回っていた。可哀そうな女性は、幼い頃から足を痛めつけられていたため、男性の半分もしくは半分以下のスピードだけでなく、見るからに情けない木偶《でく》の坊のような不器用さで、ぎこちなく滑っていた。

それなのに、女性は「優雅だ！」と褒められるのだ！　オスであれ、メスであれ、グレーハウンドは優雅だが、ペチコートをはいたグレーハウンドは、シカやハクチョウや他の生き物と同じように、優雅とは言えないだろう。

1911年頃の絵ハガキに写る
ホブルスカート

スカートをはいた女性は、もちろん、気だるい姿勢で座っていたり、しばらくの間なら落ち着きすまして立っていたりすることができる。脚の動きが必要とされない限りは、あるいはその動きが三センチばかりに限定された歩行だったり、ゆらゆら揺れる飾り房《タッセル》のようなダンスの動きだったりする場合は、全然問題なくやっていける。だが、全体的な脚の動きが要求される動作では、スカートをはいた女性は、男性の場合とまったく同じように、機能的な制限を受けることになる。腰を左右に振る気取った小股歩きは、「女性らしい」と思われているが、この歩き方は「スカートのせいらしい」としか言いようがない——性別とは何の関係もないのだ。

近年では、この機能的制約の最も顕著で、最も滑稽な例として、私たちはホブルスカート(9)の名前で知られたスカートを挙げることができるが、ありがたいことに、現在では、それは服飾業界の大立者たちによって放棄されている。おとなの女性たちは、スカートというよりもズボンの脚の部分にも似た、この全身をすっぽり包むホブルスカートに自由な動きを妨げられることを嬉々として受け入れたのだった。その極端な結果は多くの場合、事故死、大きく一歩踏み出したり、ジャンプしたりすることが必要なときに、それがまったくできなかったための事故死だったが、じかに得られた一般的な結果は女であることが世間の笑い物になることだった。もっと深い含意はいくらもあって、後で取り上げることになるが、直接的な含意が機能的制約であったことは否定できない。このホブルスカートをはくと、私たちは両手に一本のブレスレットがはめられたようになった——それは一五センチばかりの自由しかない手枷も同然で、私たちは両手で同時に食事を摂ることを余儀なくされていたかもしれなかった。それほど完全で、それほど軽蔑に値したのだった、この手枷のようなスカートは。

私たちが選んだ三つの例のうち、残る一つは未だに痛ましいまでに存在している——それは靴だ。

私が「痛ましい」という言葉を使うのは意図的で、この靴という代物が痛いからだ。新しい靴に足を入れて、「履き慣らそう」とするときは痛い——まるで自分の靴が野生のウマであるかのように！ あまり欲張りすぎなければ、そのうちに何とか履き心地がよくなるかもしれないが、本当に長い道のりを歩いたときや、例の「自給自足」を意味するとても感動的な慣用句にあるように、「自分の足で立っていなければならない」場合には、女性の靴は機能的に欠陥があるだけでなく、ときには拷問の責め具でもあることが判明する。

ここで、これまでのどの例の場合よりも単純な形で、私たちは完璧に定義された機能的問題に出くわす。

移動のエンジンとしての足は、男性でも女性でもまったく同じだ。大きかったり小さかったり、繊細だったり不器用だったり、弱かったり強かったりするが、一個の機械としてはまったく同じだ。

人間の足には明確な目的がある。直立した状態では体重を支え、歩行の過程では体を運び、さらに迅速な移動では力になるように作られている。立つ、歩く、走る、跳ぶ——この目的のために足は存在する。足に装着されて、これらの用途を妨げるものは何であれ、機能的に誤っている。

女性の靴は、構造上のいくつかの欠陥を男性の靴と共有しているが、女性の靴には独自の二つの大きな欠陥がある。一つはつま先の極端な締め付け、もう一つは例の人間の活動に対する弁護の余地のない非道行為——高い傾斜のヒールだ。

ヒールは機能的にはある程度正当化できるが、それにも限度がある。硬い皮革の靴底は本来のヒールの働きである足のしなやかなカーブを妨げてしまうため、たとえば、ソールの盛り上がった部分は滑り止めになり、急な坂道を下るときには何かを「食い込ませる」ことができ、機能的な利点となる。しかし、踵が高すぎて足のアーチが使えなくなったり、小さすぎて体全体の支持基盤が弱くなったり、位置が悪すぎて体の重さが踵ではなく足の甲にかかるようになったりすると、機能的に重大な障碍が生じる。

これらの犯罪行為はすべて、現在の女性の靴のヒールによって犯されている。それに対する説明は他の影響力に求めることができるが、この機能上の犯罪という明白な事実は議論の余地がない。

西部の馬乗りたちは、足を鐙《あぶみ》にしっかりかけるために、ハイヒールの靴を履くが、率直に言って、たくさん歩くことはできない。

女性のハイヒールにはそのような言い訳はない。

女性のハイヒールは、凛とした、強くて、真っすぐで、安定した、迅速で、能力のある、永続的な道具としての人体を、哀れで、弱くて、かがんでいて、不安定で、遅くて、たどたどしくて、疲れやすい存在に——私たちが創られたときに意図されていた高い効率のパロディに変貌させることに成功しているのだ。

残酷で無知な子どもたちが、ネコの足をクルミの殻に無理に押し込むのは、殻から抜け出すことができるまで、ネコがよろよろばたばた歩き回るのを見る「楽しみ」のためであることが知られている。女性たちは、満足しきった表情で、この機能的な化け物に自分の足を押し込み、それを履いたまま、よろよろばたばた歩き回るのだ——死ぬまでずっと。

第四章

身体の健康と美

Physical Health and Beauty

女性たちの衣服を「改良」しようとしてきたこれまでのほぼ半世紀の努力は、すでに述べたように、主に健康の増進を目的として、第二には美の高みを目指してなされた努力だったが、両者の十全な意味に対する明確な理解が私たちに欠けていたために、当然のことながら、若干の混乱が生じることになった。

健康とは、大半の人々にとって、病気の欠如している状態のことだが、美徳が同じ否定的な特性――罪の欠如している状態のことと考えられているのとまったく同様だ。

立派な善行という美徳（しばしば数多くの軽微な過失と共存している）を私たちは一般にそれほど要求していないし、身体のあらゆる器官や作用が全力を挙げて高機能を発揮していることを意味する健康を要求しているのでもない。あの普遍的な祝福、すべての人の心からの願望である美に関しても、この一般的な議題ほど僅かにしか理解されていないものはない。しかしながら、人体やそれがまとう衣服のような極めて具体的なものの場合、私たちはそれほど不確かであってはならない。

乳牛の健康をはかる尺度は、滑らかな皮や艶やかな目だけではなく、乳汁の量と質にある。ウマの場合だと、その健康は厩舎にすっくと立ち、消化不良を起こさずにたっぷり食べることができる事実によってではなく、早く走り、力強く馬車を引くことができる能力によって測られる。

女性は病気でないという意味で「健康」と言えるだろうが、死ぬまでずっと、簡単に実現可能な状態よりも遙かに低いレベルの健康状態に留まり続けるか、生来の力の限界まで成長することは一切ないままだろう。このために、命に関わるほどではないにしても、明らかに成長を阻み、活力を低下させる衣服やその方式が及ぼす影響を私たちは正しく理解できていない。

この影響を理解するためには、私たちは女性の衣服を幼少期から、つまりこの外面的な性差別の形が早すぎる時期に幼い女児に強制されている時点から、観察する必要がある。

若い動物の遊びは、エネルギーを自由に楽しく発散しながらも、それぞれの種に特有の行動様式を繰り返している。子グマや子ネコが狩猟ごっこや格闘ごっこをする一方で、子ヒツジや子ヤギはただ走り回ったり跳び回ったりするように。人間のように様々な活動をする生き物の場合、小さな子どもたちが非常に多様な範囲の遊びの衝動に身をゆだねることに私たちは気づくが、自由で活動的な男児たちのグループの間では、遊びがあらゆる筋肉を発達させ、素早い神経システムの協調を強化させる傾向がある。こうした行動過程に男児の衣服は適合している。

しかし、女児たちの衣服は異なった方針で作られている。知的少数派の間で現在人気がある「ロンパース」や「ニッカーズ」という例外はあるが、男児が初めて「ニーパンツ」[1]をはかされる時期から明らかな相違が存在している。

この男児と女児の衣服の相違には素材と形状と処置（付随する態度やマナーに必要とされる）の三つの要素がある。

素材に関しては、男児の衣服は女児のそれより耐久性があり、それほど「汚れが目立つ」ことはない。女児は糊のきいた白いモスリンか、柔らかくて軽いウールやシルクを身に着け、男児はもっと重くて色が濃くて丈夫な素材の衣服を着用する。したがって、女児の衣服は男児のそれよりも擦り切れ易いうえに、くしゃくしゃで薄汚れたように見えるため、母親の負担を増やすことになる。私たちが忘れてはならないのは、一六人中一五人の母親は「専業主婦にしかできない仕事」をこなし、家事手伝いを雇える母親の大半は一人しか雇えないので、体力と気力の限界を考えなければならないということだ。いずれの場合にも、労力を省くために、女児の遊び活動を抑える傾向がある。

女児の衣服の形状も同じような影響を及ぼしている。スカートは女性らしさとは切り離せないという強い固定観念のために、私たちは女児にスカートをはかせることにこだわるが、女児のいつも活動的になる性向のために、私たちはスカートを短くしたいという気持ちに駆られ、その結果、ときにはスカートの幅が丈よりも断然長くて、ただのウエストのひだ飾りみたいになることもある。このような形状のために、スカートの処置に限界が生じる。

このようなスカートの下では、子どもの体はぎりぎりの薄い白い下着で覆われているだけなので、この絶対に必要なスカートを注意深く垂直に保っていないと、下着が丸見えになってしまう。この事実に、人体はひどく淫らなものだという私たちの昔ながらの観念が付け加えられて、世間の人たちは「じっと座っていなさい」「スカートを引っ張り下ろしなさい」と言い聞かせたり、さらに一般的には、あのスカートという短いカーテンがめくれて、人目にさらしてはいけない両脚が露わになるような動作は避けるように求めたりして、幼い女児に圧力をずっとかけ続けている。

私たち女性が過去数十年間に大きく進歩したことを認めるに吝《やぶさ》かではないが、私たちの子どもの大多数がこの進歩にあやかっていないことも依然として事実であって、ほとんどすべての幼い女児たちはじっと座っていなさい、行儀よくしなさい、その汚れやすくて破れやすいスカートを汚したり破いたりしてはいけません、という絶えず繰り返される要求によって、未だに幼年期から不利な立場に置かれている。この幼少期における自由な活動全般に対する抑止は死ぬまでずっと続く。活発な女児が散歩好きで、何時間もうまくダンスができるということは、強い筋肉と忍耐力を備えていることを証明しているが、何の制約もない男児が発達させる、あのすべての筋肉の完全な協調が欠けている。この女児は男児よりももっと速やかに体が硬くなり、もっと早く老化し、もっと簡単に転倒し、転倒したときに即座にバランスを取り戻す能力が男児に劣っているため、足を痛めたり捻挫したりする傾向がもっと高くなる。

女性は、衣服とそれに伴う態度や習慣のせいで、行動が比較的制約されている。路面電車に乗り降りしたり、何かに昇ったり、飛び降りたりしている女性を見てみるがいい。意を決したようによじ登って、目的を果たすことができるのは、解剖学的能力を備えているからだが、十分な運動が欠けているために、動作がぎこちなく、もたもたしている。これは女性の体力的な限界のせいだ、と私たちはずっと思ってきているが、そうではない。それはひとえに女性の衣服とそれと切り離せない行為の限界のせいなのだ。

おとなしく座って、着ている服を清潔に保ったりするのは、女児の性《しょう》に合わない。男児と同じように、女児も飛んだり跳ねたりして遊び続け、許可が出たような場合には、いつまでも止めようとしない。しかし、非常に早い時期に、女児は片や親からの命令、片や男児からの冷笑と拒絶を受けることになる。その後の男児が思うままに筋肉を十全に発達させる運動を継続して楽しむのとは対照的に、女児は「じっと座る」生活を始めるのだ。

特定の女性の衣服から生じた明確な障碍に言及するまでもなく、概して女性の服が体の動きを抑制し、その結果、健康と美の両方を抑制していることは明々白々だ。人類としての私たちは、活動に関しても、私たちの種に特有の身体美に関しても、非常に低いペースで生きている。これは決して私たち女性の衣服だけのせいではないにしても、男性のそれとは違って、女性の衣服が女性の豊かな人間的成長を著しく妨げていることは否定できない。

スカートから絶えず弱い圧力が加わるという事実——フルスカートの場合は軽微だが、「ホブルスカート」[2]の場合は歩行を絶対的に妨げるほどの圧力が死ぬまでずっと一歩一歩の足取りを休みなく鈍らせるという事実だけでも、脚の筋肉の形を変え、その発達を抑えるに十分だ。

プライバシーを保つことができる自宅で、軽い体操服《ジムスーツ》を着て家事をこなす女性は、いま述べたスカートの限界にすぐに気づく。登山のときに、途中まではスカートをはき、その後、そのスカートを脱ぎ、ニッカーボッカーにはき替えて登る女性もまた、そのことに気づく。たった一枚のスカートでもかなり邪魔になるのだ。

女性の衣服の有害な限界を認めざるを得なくなるときはいつも、衣服は必要不可欠なものだとか、女性に固有のものだとかいった主張や、美と行儀に関する誤った考えによって、私たちはその非難に対処してきた。

人間の健康の基準に関して私たちが明確に理解していないとすれば、美の基準に関してはなおさら明確に理解していない。この女性の衣服に関する限り、美の問題は、女性らしさという重要な特徴を備えた人体の美と、機械的、装飾的な特徴を備えた織物の美の二つに大きく分かれる。

この複雑なテーマの最も簡潔で、立証が最も容易な部分として、人間的であると同時に女性的でもある身体美を最初に考えることにしよう。ここでは審美主義者、古代ギリシア研究者、快楽主義者といった人々の深く、十分な根拠のある不満が聞かれるかもしれない。すべての美のなかで、人間の知覚に最も確実に訴える美は、当然のことながら私たち自身の美だ。にもかかわらず、私たちは、社会的発展の過程において、イサゴムシ[3]みたいに他の様々な材料でできた覆い《ケーシング》で全身を包み込むことによって、この普遍的な喜びを見失っただけでなく、私たち人間の美に対する正しい認識を失ってしまった。さらに言えば、覆いや無視や誤った基準によって、私たちは私たち自身の正常な発達、私たちの自然な美を深く損傷させてしまい、その結果、普通の人間の身体は、その覆いを取り去ってしまうと、あまりにも多くの場合、痩せて、ずんぐりで、不格好で、全体の釣り合いを欠いた哀れな代物、見るも無残な姿に他ならない。

医者たちは、最悪の状態における人体を目にしているので、常に最高の状態における人体を追求する芸術家が未だに感じている美的喜びを人体に対して感じることはない。

私たちのほとんどにとって、脳の連想作用の力が非常に強いために、裸体は不道徳行為を暗示するだけだ。

美を愛する気持ちは私たちすべてに共通だということも、他の条件が同じなら、人間にとって最も美しい対象物が人間だということも、依然として正しい。仮に（あの大きくて心安らぐ単語「仮に《イフ》」だ！）私たちがまず第一に人間の美を研究し、理解し、完全に開発し、第二にそれを可視化する気になりさえすれば、私たちは歩く彫像や歩く絵画の世界に生きることになるだろう。しかし、この「仮に」は大きなことを決して成し遂げはしない。

他方、この論説の目的のために、女性らしさにとって絶対に必要な修正を加えた、人間の美に関する何らかの基準を私たちは確立しなければならないが、それは女性の衣服が人間の美に及ぼす影響を明らかにするためなのだ。

この人間の美というテーマをすっぽり覆っている混乱と偏見から一時的に逃れるために、まず手初めに別の種の動物、たとえばよく知られているウマという種における種族の美と性別の美を見てみることにしよう。目の前に、入手困難ではない三枚の写真があると仮定する。まったく同じ体勢の三頭の競走馬が写っているが、好成績を残し、記録を塗り替えた、価値の高い競走馬で、牝馬《ひんば》と牡馬《ぼば》と騸馬《せんば》（去勢馬）の三頭だ。いずれもウマの見事な実例で、三頭とも美しい。牝馬は騸馬とは少し外見が違い、牡馬はもっと顕著に違っているかもしれないが、ウマに共通の「美点」を見えなくすることはまったくない。ウマの美しさは、いかにもウマ的な輪郭の線、プロポーション、動きの力、動き方にある。牝馬も牡馬も騸馬も優れたウマであれば、すべてウマとして美しく、そのように私たちは判定する。競争癖のせいで騸馬の首が牝馬よりも太く、アーチ形になっているという理由で、私たちは牝馬よりも騸馬が美しいと思うだろうか？　牝馬は馬体が比較的軽いという理由で、私たちは騸馬よりも牝馬が美しいと思うだろうか？　騸馬は牡馬の誇らしげな態度と牝馬のスリムで優雅な姿勢を欠いたただのウマにすぎないという理由で、私たちは牡馬と牝馬のいずれよりも騸馬が美しくないと思うだろうか？

もちろん、人類である私たちがウマ科のウマを品定めするとき、私たちは単に種としてのウマを品定めしているのであって、私たちがウマに見いだす美は種族としての美だ。もしウマが私たちを種族として品定めすることができて、私たちを美しいと思ったとすれば——それはあり得ないだろうが——ウマは私たちと同じように性別ではなく、種別によって品定めをしているのだ。

しかし、もしウマ同士が互いの品定めをするとしたら、牡馬は並外れて力強く、獰猛で、首の太い牡馬に見とれるかもしれないし、牝馬はとりわけ毛並みのいい、ぽっちゃりした牝馬に見とれるかもしれないが、どちらも本来のウマの基準を無視している。去勢馬に関しては、三頭のなかで最良のウマであるかもしれないが、牝馬も牡馬も去勢馬に見とれることはないだろう。もし牡馬が品定めを一手に引き受けることになって、自分が気に入った小柄で、ぽっちゃりした、弱々しい牝馬を選び出したとすれば、すばらしいウマ科の動物の美を無視すると同時に貶めていることは明らかだ。

それはまた人間世界に起こったことでもあった。一人の男性が「美」という言葉を口にするとき、男性は「女性」を考えている。男性の頭にあるのは美、人類の美ではなくて、性的魅力だが、これは美とはまったくの別物だ。男性は女性が備えている、自分の資質とは正反対の資質に感動して、それを過度に育んだ結果、基本的な人間としての資質を忘れ果ててしまったのだ。

ウォーカー夫人の『女性美』に掲載されている図版の一つ。

ローラ・モンテス

一八四〇年にニューヨークで出版されたウォーカー夫人の『女性美』と題する本[4]では、四百ページに及ぶ助言と提案が「摂生と清潔と衣装」に捧げられているが、人体の美の基準については、挿絵、彫像の模写、その存在を認める記述の類いは一切ない。

やはりニューヨークで一八五八年に出版されたランツフェルト伯爵夫人ローラ・モンテスの『美の芸術』[5]と題する別の一冊は、アンドレ・フェリビアン[6]が作成したとされる「女性美の古典的な要約《シノプシス》」なるものを紹介している。この要約は極めて独断的で、微に入り細をうがっていて、たとえばつぎのように言い切っている——。

「髪は黒色か明るい茶色か赤褐色であるべきだ。薄い髪の毛ではなく、ふさふさの波打つ髪の毛であるべきだ。髪がゆるやかな巻き毛となって垂れるなら、なおさら結構だ——黒い髪は首と肌の白さを引き立たせるのに、とりわけ役に立つ」

「眼は黒色か栗色か青色」

「眉毛はほどよく離れ、薄いよりは濃く、半月形で、眉尻よりも眉中が太く、きれいな曲線だがフォーマルであってはならない」

こうした記述は個人的な見解の記述であって、しかも一部の人々だけに限定された見解だ。この本の「はしがき」の最後で、伯爵夫人は美に関する夫人自身の見解をはっきり表明していて、つぎのように語っている――

「未だに世界は美しくなる以上に高邁な『使命』を女性に認めていない。この美しいという語を最高の意味に解釈するならば、それ以上に高邁な女性のための使命がこの地上に存在するかどうか、まことに疑わしい」

この発言の後に、「女性の生涯におけるこの最高の目的を追い求める私と同じ女性たち」が実践する様々な美容術の議論が続いている。

この種の議論はすべて女性的な美を扱っているだけで、しかもその美の本質ではなく、異性からの賞賛によって評価される美を扱っているにすぎない。この評価の基準こそ、まさに性的魅力を高め、真に人間的な美をはっきりと傷つけないまでも、それを無視する傾向のある基準だったのだ。

多様な人種の多彩な慣習をちょっと調べただけでも、異性によって要求される女性の外見の補正がいかに独断的で、いかにしばしば残忍であるかが明らかになってくる。その単純ながら極めて包括的な一例が体脂肪の人為的肥大化だ。いくつかのアフリカの種族の間で、首長《チーフ》の妻に選ばれるという栄誉に浴した女性たちが暗い小屋に閉じ込められて、食事や糖蜜をあてがわれるだけでなく、遙かに先進的な東洋の部族でも、男性の寵愛を受けるに値するお妃候補の女性たちは、アフリカの場合ほどあからさまではないにしても監禁状態に置かれ、まったく同じようにあからさまに肥満を促進する食べ物をあてがわれる。

脂肪組織のわずかな優位は、ヒト科の女性の自然な差異の一つで、将来母親になるときに必要な脂肪の備蓄の一部として間違いなく役立つと思われるが、この初期の「男性とは異なる傾向」は支配階級の男性によって横奪され、恣意的に強化させられたのだった。

さらに、日本人女性の間での眉剃りやお歯黒の慣習[7]や、ヘブライ人女性の間での剃髪や鬘《かつら》の装着は、既婚女性だけに限定されていて、女性美を高めるためというよりも男性による所有の印として意図されたのだろうが、これらの風習は未だに余りにも効果的な男性支配の証なのだ。[8]

高度な文明をもつ人々の恋愛物語、とりわけ恋愛詩の冷静な研究は、より現代的な人類の一般的見解を示している。それは時代から時代にかけて、ときには世代から世代にかけて様々に変化し——その速度も速くなっていくが、常にそこに存在するのは女性の容姿に対して男性の嗜好が及ぼす強い修正力に他ならない。

男性の間であれ、女性自身の間であれ、人間の美の基準に対する明確で支配的な認識と、その基準による女性の評価は、いかなる時代にも出現しないが、古代ギリシアだけは例外だ。学者や芸術家たちによって認識されているギリシアの美の基準が生き残っている事実は、この学者や芸術家たちの一般大衆に対する絶対的かつ侮蔑的な無視と相俟って、私たちの精神機能の奇妙にひねくれた性格を示す見事な証拠となっている。それは、美学においては、嘘つきで自堕落な臆病者としての生活に満足している人間集団が真実、純潔、勇気を最高の美徳として倫理的に認識する行為に酷似している。

あの偉大なミロのヴィーナス像が本当に美しいなら、なぜ私たちはそのプロポーションに近づこうとしないのか？　もしそれが美しくないなら、なぜ私たちはそれを高い位置に置き続けるのか？　心ひそかにとはいえ、理性的な動物であることを主張する私たちが、このヴィーナス像を賛美していながら、私たちの周りにいる女性たちを同時に賛美することがどうしてできるのか？

この問いに対する答えは決してそれほど難しくはない。ミロのヴィーナスは私たちが知っている限りでは最高水準の人間美を私たちに示してくれる、それは第一に人間美で、第二に女性美だ。しかし、詩や散文や日常生活で私たちが賛美するのは、超男性的で個人的な趣味が押し付けるような種類と程度の女性美に他ならない。このタイプの性選択は常に本質的な相違を誇張する傾向がある。もし女性の手や足が男性と比べて少し小さく、造りがもっと繊細であれば、男性を喜ばせる目的で、この小ささと繊細さを強調しよう、誇張しよう——場合によっては戯画化しようということになりかねない。

この女性の足に及ぼす男性的な趣味の影響を、すでに機能的な失敗と規定されている美の失敗として考えてみよう。

手は小さくて、白くて、指が長くてすらっとしているのが好まれるが、その用途が一層明白で多様であるという理由で、手は足ほど完全に変形させられることはなかった。女性の足が纏足で完璧に犠牲にされた中国でさえも、[9]手は無傷のままだった。使うという人間的利点が、使わないという性的利点に勝《まさ》っていたからだ。

だが、足の場合、この性選択の力は完璧な変形を達成する程度まで勝利したのだった。それが機能的な失敗であることは否定できない。それが身体的障碍であることも否定できない。それが美への冒涜であることも否定できない。特別な用途のために特別に設計された機械として、足の美しさはその用途と密接に結びついている。外形や全体的な構造のせいで航行不能になってしまえば、いかなる船も美しいとは言えない。私たちが実用の美を研究するときはいつでも、この術語が適用される対象物の用途によって評価しなければならない。

あまりにも明々白々で、あまりにも議論の余地のない主張を繰り返すのは、何と退屈で、何とばかげていることか。もし手が不自由になって、物をつかんだり、持ち続けたり、その他の機能を果たすことができなくなったりしたら、その手は美しくない。手の自然な力に限界が生じれば、それに比例して美にも限界が生じる。私たちは手をハートやダイヤモンドの形に変えることができるかもしれないし、ニスを塗ったり、瘤や角や房をつけたりすることもできるかもしれない。私たちは暖炉の飾りや帽子の縁飾りとして美しいと思われる物に手を作り変えることができるかもしれないが、使うことができない手は美しい手ではない。

これは確かに自明の事実だ。だが、ほとんどの女性たちは、取り巻きの男性たちが設定する基準に従って、サイズや強さや能力に反比例する手を美しいと考える。漂白したように白い手、滑らかで柔らかい手、指がすらっとしている繊細な手は美しいとされるが、すべてはその手が使われていないことを証明するのに役立っている。

手に備わっている力は非常に多様で、絶えず必要とされているので――貴婦人でさえ手ずから食事をとり、ときにはペンや扇子も使わねばならない――手はある程度までは使用可能な状態のままだ。しかし、足に備わっている力は手よりも単純で、手ほどに必要ではないので、私たちは足の働きを手よりもずっと制限してきた。さらに言えば、手は少なくともある一定の時間は目に見えているのに対して、私たちは足の形と色の代わりに外被《シェル》としての履物の形と色を使うことによって、足を完全に隠すことに同意してきた。この履物は、踵を守るサンダルや柔らかいモカシンとして、その長く曲がりくねった進化の過程を開始したのだが、その起源を完全に忘れ果てて、内部に足が入っているという事実と僅かに形式的な関わりしかない独自の技術を発展させた。その外被のサイズは、つぎの瞬間には忘れられてしまう足を無理に押し込む余地を残す程度に大きくなければならない。その形は、幅よりも長いという一般的な関係を保ち、脱げないようにしっかり留められていなければならない。だが、それ以外はいかなる変則も変種も許される。

ここで、この話題のもっと機能的な見方にしばらく戻ることにしよう。私たちは二本足で立ち、その二本足の上でバランスを取る能力を強化しているのは、第一は前や後ろに倒れる傾向に逆らう足の長さ、第二は横に倒れる傾向に逆らう足の幅だ。竹馬で歩いてみれば、足掛かりだけの上にじっと立っているのがいかに難しいかが理解できる。だが、小さな足を好む女性は、足の適正な比率の価値を無視して、長さに関しては、ある程度まで短い足を好み、幅に関しては、もし可能であるならば、僅か一インチ幅の足を絶対的に好むのだ。

当然のことながら、足は踵の部分が狭く、指の部分が広い――これが足の形だ。しかし、これは靴の形ではない。靴は先端が尖っているべきだと靴は主張する――だが、それは決して人間の足の形ではない。靴という足の外被《シェル》と、内部に閉じ込められている哀れな一物をまったく別の形にすることを、どうして私たちは美しいと思うのだろうか？その虐待されて潰れた一物を引きずり出した私たちは、それの足としての真の美しさが、靴という外被が偶然獲得した能力の完全な犠牲になっていることを発見する。きつい靴に無理に押し込まれて、縮こまり、関節はゆがみ、指はねじ曲がった足、圧迫されて紫色になり、血管が腫れ上がった足。見るも無残で、顔が赤らむ。だが、靴の持ち主の高慢な女性は、自分自身の傷ついた足を憐れに思うこともなければ、顔を赤らめることもない。これまでに足の美しさに注目したこともなければ、それについて何も知りもしないし、何も気にかけてもいない。この靴の持ち主が知っていて、気にかけているのは、靴の美しさの一般的な基準だけなのだ。

ここには、後で考えることになる他の衣服と同様に、ある一つの原理が関わっている。それは美の原理ではないとしても芸術の原理、人の心の動きに内在していると思われる原理、すなわち様式化という原理だ。私たちは様々な対象物のなかに特定のラインとプロポーションの美を認識し、無意識のうちにそれらを合計して、平均値を導き出す。私たちは共通項を探し求める。私たちは自然物から様式化されたデザインを作成する。私たちはこれまでにハスやアカンサス、アヤメやスイカズラといった花々やさらに多くの花々を凍結させて、不朽不滅のデザインに窯変させてきた。この様式化という傾向は着実に女性の衣服に影響を与え、女性の生体の改変にまで影響を及ぼした。私たちはいくつかの顕著なシルエットやプロポーションに着目し、そこから絵によってではなく、様式化された装飾デザインとして「女性」を表現する凍結したシルエットを作り上げたのだ。

この様式化という原理によって、靴の変則や変種、男性の靴以上に女性の靴の変則や変種の大半は説明できるが、相も変わらず男性は人間としての働きの必要性によって、女性は性的魅力の必要性によって、最も大きく影響されていたからだ。男性にとっては、二本の足がしっかり自分を支え、速く、正確に、長く自分を運んでくれることが一層重要だった。女性にとっては、自分の足が見る人の絶賛を博し、最高の生計手段——自分自身の身体的能力ではなく、有能なパートナーを確保するための一助となってくれることが一層重要だった。男性は小さなサイズの足ではなく、大きなサイズの銀行口座で女性を喜ばせればよかった。男性の足は移動の道具であり、女性のそれは性的魅力の道具だった。

それゆえに、女性の靴には、どのように誤解された形であれ、美の要素が男性の靴よりも大量に入り込み、間違って理解されているが、靴を芸術作品として扱うに際して、私たちは様式化の危険を見いだすことになる。

アメリカ南部のある州に住んでいる、とても知的な女性から聞いた話では、かの地の女性たちは、ある「ナンバー」より上のサイズの靴は購入しないことにしているらしい。女性たちの足はこの限度に気づいていないので、この小さな靴を求める市場の需要を満たすために、靴は意図的に誤ったナンバーがつけられているのだ。

これが靴の「小ささ」に関する昔ながらの考え方で、横幅の狭さやつま先の尖り具合についても同様のことが言える。しかし、この様式化の傾向の最も完全な理想主義的極端は、あのあまりにも聞きなれた足への付属物としてのフレンチヒールに示されている。読者の目の前にストッキングをはいた人間の足のくっきりしたシルエットがあると仮定しよう。足の曲線の輪郭そのものだ。シンメトリカルではないが、見た目には結構いい感じだ。もしかしたら、デザインの目的のために、それは反復やグループ化に組み込まれることになるかもしれない。だが、芸術家の眼はそれを進化させることができる。この目の前の足を横から眺めてみよう。その甲の上には凸カーブがある。下部の土踏まずの下には凹カーブがある。丸まったヒールがある。爪先は上に向かって少しカーブしている。このカーブの数を意のままに増やしてみよう。足の指に関しては、親指の先端のあの小さな上向きのカーブは、靴のなかで、中世の伊達男《ダンディ》たちのガードルで締め付けられた足の指に発展させられた。この伊達男たちはたしかに女性ではなかったが、労働者階級でもなかった。足の甲に関しては、私たちはその輪郭をできる限り強くして、その下部にある土踏まずに関しても同様だったが、デザイナーの鉛筆が自由自在に動いたあたりで、表現力が最も贅沢に発揮できるのは靴のヒールではあるまいか、とデザイナーは勝手に空想した。丸まったヒールの輪郭はお気に召さなかった。ならば強化し、増大し、追加することにしよう。後ろ向きは駄目だ――足が実際より長く見えてはまずい。横向きも駄目だ――足が実際より幅広に見えてはまずい。となると、いやでも下に向くしかない。瘤や釘や支柱を付け加えてみよう。あまりぱっとしないな。ヒールをもっと高くすることも、もっと低くすることも、内向きに動かすことも、傾けることも、曲げることも私たちにはできる――ああ！　ようやっと私たちは美を手に入れる！　デザイナーの鉛筆は、足首の内側《インカーブ》への湾曲やら踵の外側《アウトカーブ》への湾曲やらに沿って移動すると、ふたたび靴のなかに入り込み、先へ、先へとどんどん進んで行ってから、このヒールと呼ばれる付属物にしぶしぶ許された先端でふたたびちょっと姿を現す。ハイヒールの先端はただの尖った点にすぎないので、女性が立っていることを決して許そうとはしない。女性がバランスを保つためには少なくとも一インチの幅の先端がなければならないのだ。

こうして、完全に自然なデザインの進化によって、私たちは靴屋のショーウィンドーに鎮座している、靴という名の光り輝く物体の完成形にたどり着くこととなった。室内履き、それも繻子《サテン》の室内履きは、繊細で、湾曲していて、下にある足の土踏まずを抱きしめ、足の指をしっかりつかむため、足の指をすっぽり覆う華奢な爪先のなかで、足の指の存在は完全に忘れられてしまう。そして、止むを得ず床に足をぴったりつけて立つときに失なわれる、足の裏の何の変哲もない緩やかな湾曲の代わりに、私たちはこの優美な直線の物憂い華麗さ、この足と床との間に挿入された

インディアン・クラブ

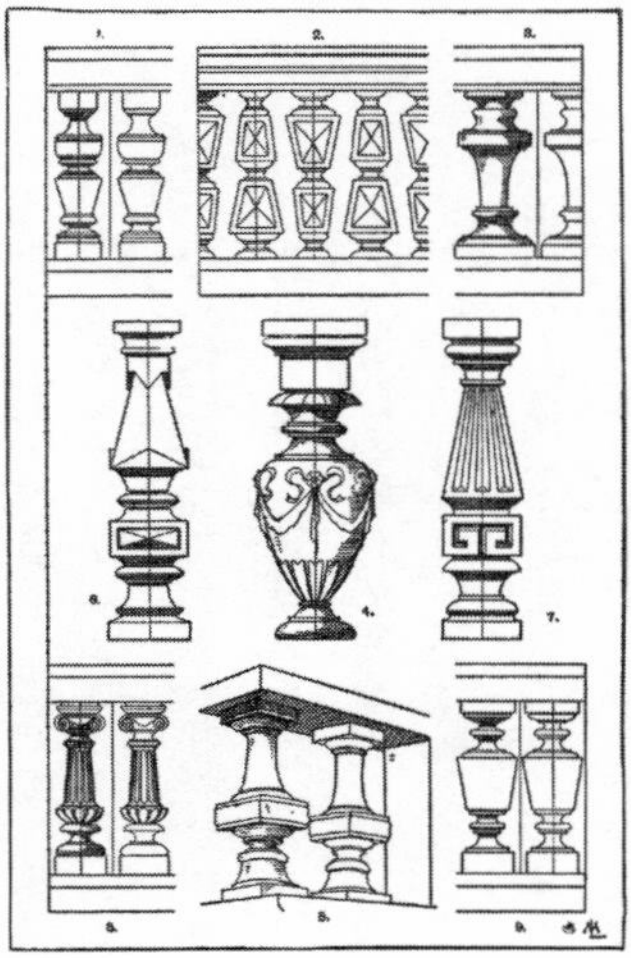
手摺子

装飾物、この私たちが「ヒール」と呼ぶ代物を手に入れているのだが、それは手摺子《バラスター》か逆さまにした体操用具の棍棒《インディアン・クラブ》にそっくりだ(10)。そして、これを私たちは美しいと信じて疑わないのだ！

第五章

美 vs. 性差

Beauty versus Sex Distinction

ロンドンで、数年前に、アリーが恋人のアリエットのことを「羽根付きの帽子」と説明的に呼んでいた。ニューヨークでは、同じ階級の人たちのスラングで、女性を「スコイト」(1)と呼び、「ぼろ布《ラッグ》」とさえ呼んでいる。女性たちには男性のことを「ズボン」と呼んだり「シルクハット」と呼んだりする習慣はない。

女性の衣服の主たる目的である性差について、これ以上に適切な証拠は求められないだろう。イギリス詩人ラドヤード・キプリングは、例の「ヴァンパイア」(2)と題する侮辱的な詩のなかで、売春婦の女性を「ぼろ布、骨、束ねた髪」と描写していた（奇妙なことに、男性たちは売春の論理的帰結に反対しつつも、それを必要としているという理由で、その職業を廃止しようとしないのだ！）。女性が骨をいかんともしがたいことは確かだが、キプリングは骨組織について語るよりも脂肪組織について語ったほうがもっと巧みに女性を描写できただろう。しかし、「ぼろ布」や「束ねた髪」は女性独自の属性として見事に取り込まれている。

女性の長い髪は、現在私たちが主張する基本的な性差の一つだが、男性も長く垂れた頭髪を誇り、短く刈った髪は奴隷のものとした長い歴史的期間があった。長い巻き毛は、少女にとっても少年にとっても、まったく同じように美しいと同時に、まったく同じように不愉快で厄介だが、長い髪のせいで「女の子のように見える」という理由で、少年はできる限り早い時期から長い髪に反発する。私たちは性という誇張された概念をもっているため、最年少のときから子どもたちを差別化することを急ぎ、その差別化を維持するために、私たちはどちらかの性がもう一方の性の衣服を身に着けることを刑事犯罪と見なしている。

しかし、経済的抑圧のせいか、自己防衛という動機からか、女性たちは長期間にわたって男性の衣服を身に着け、男性として通ることに見事に成功したことが繰り返し知られている。私たちは口に出さない隠れた動機から、存在する自然な差異が何であれ、それを増大させ、強調させようと努める。

これとの関連で言えば、スカートは差異の主要な品目だ。それは最も目立つ衣服であり、最も離れた距離からでも識別できる。私は以前、西部の大平原では、一マイルはざっと「男性と女性を見分けることができる距離」という尺度によって測られる、という記事を読んだことがあるが、それはもちろんスカートとズボンを見分けることができる距離ということを意味している。

もろもろの影響力が結びついて、私たちの長くゆったりとした礼服《ローブ》は進化してきたが、すでに見たように、この礼服は未だに国王や聖職者や裁判官のための正装としての地位を保持している。それらの長く流れるようなラインは、それをまとう人物に確かに威厳を与えているが、それはズボンをはいた彫像を作ろうとする現代彫刻が認めていることだ。そして、そのような威厳や優美の感覚は、私たちの思考のなかで、かつて支配的であった性と結びついて、私たちの頭のなかにいつまでも残り続けている。だが、そのような考え方が子どもたちの衣服のなかや、成長期にある少女たちの子ウマのように自由気ままな年月のなかに存続すべき理由はまったくない。成人女性の間や、成人男性の間でも、象徴的な目的が衣服を支配するときに、これらの長く流れるようなラインが使われることに何の異議もないのだ。

同じことは長い頭髪にも当てはまる。束ねた髪や編んだ髪の艶やかで肌にぴったり張り付いた直線や、縮れた巻き毛やゆったりした垂れた髪の曲線を賞賛する私たちの気持ちのなかには、わずかばかりの真の審美的感情がこもっているのだが、それが純粋な美である限りは、男性の頭であろうと、女性の頭であろうと、同じように美しいのだ。長い髪は自然な差異ではない。ふさふさした長髪は、それが性によって差異化されている限りは、バイソンやライオンの場合のように男性の特質だ。性をめぐる戦いにおける防御という同じ理由で、雄ネコですら、雌ネコよりも濃い毛を首まわりに生やしている。だが、ハエから身を守るためのウマのふさふさした長髪は雌雄両性に共通だ。それは私たち人間の場合にも男女両性に共通で、同じように美しく、同じように厄介で、同じように不衛生だ。

謹厳な科学者が、たとえ毎日洗ったとしても細菌を運び続ける頬髭の危険性について延々と語りながら、一般女性の洗ったことのない大量の髪の毛については一言も触れないのは、何と面白いことか。女性の髪は週に一回、きれいに洗われるとしても、それはまったくの例外だ。なぜなら大半の女性は働いていて、洗髪は女性たちが嬉々として向き合うことなどめったにない余計な骨折り仕事なのだ。

長い髪は行動の邪魔になる——髪が乱れるのが気になるからだ。長い汽車の旅で暑くて、埃と煤だらけになっていながら、旅の途中で提供された水浴という贅沢を謝絶した何人かの女性たちのことを私は知っているが、旅の途中でなかったならまったく好都合な申し出を断ったのは、「髪が濡れてしまう」からだった。

長い髪は美しいという私たちの思い込みは、思い込み以外のほぼ何物でもない。あなた自身の目とあなた自身の新しい判断力を駆使して、市街電車、劇場、あなたが調べることができるどこにでもいるすべての女性の髪を注意深く観察してごらんなさい。

複数の国々で、女性は長い髪という重荷だけでなく、たとえばオランダやブルターニュ地方などでは、それを覆う帽子という重荷も背負わなければならない——想像を絶する不条理だ。女性たちが頭を密着頭巾《コイフ》や縁なし帽《キャップ》で飾らなければならないとしても、その下の熱がこもった重くて長い髪と、その髪の手入れという余計な作業がなぜなければならないのか？　短く刈った頭髪の上に帽子が軽く乗っかっていても、女性は見た目が変わらないだろうし、はるかにずっと快適に感じるだろう。しかし、このことに関してだけでなく、他のどんなことに関しても、女性たちは身なりや習慣について論理的に考えることをしない。自分たちが置かれている状況を唯々諾々と受け入れているだけだ。

性差という支配的な考え方は、女性の衣服の形やサイズや色だけでなく、その生地の性質をも支配している。もし一方の性がもう一方の性とまったく異なる「外被」に覆われている動物、たとえば一方の性が分厚い毛皮で覆われ、もう一方の性が薄いまばらな被毛で覆われているだけの動物、一方の性が滑らかで体にぴったりした水を通さない羽毛で覆われ、もう一方の性が綿毛で覆われているだけの動物を見つけたとしたら、私たちは仰天することだろう。しかし、このようにして、私たちが喜び勇んで男女間の性差の山を築いていくと、小説に登場する女性は男性の「粗いツイード」に頬をすり寄せるのを喜ぶとされ、男性は女性のシルクのスカートのきぬずれの音に軽いエクスタシーを覚えるといった場面に出くわすことになる。女性が実利的な目的のためにツイードを着て登場すれば、その女性や女性が着ているコスチュームは「男っぽい」と評されるが、かりに男性が「きぬずれの音」をたてるようなことがあるとすれば——そのようなことは想像することさえも絶対にできない！　男性のたてる音は武具で身を固めているときの鋭い金属音、武具を着けていないときに男性の衣服がたてる音は、糊で固めたシャツの胸部のきしる音だが、とりわけて誘惑的な音ではない。もし男性を喜ばせたり、惹きつけたりするために、女性がきぬずれの音をたっぷり身に着けることになっているとすれば、なぜ男性はガラガラを手にしたり、鈴を身につけたりして、女性を喜ばせたり、惹きつけたりするような音をたてないのだろうか？

ギルバート「判事の歌」の挿し絵

人類においてのみ、女性が生活費を男性に依存しているという単純明快な理由によって、人類においてのみ、女性が性的魅力という主たる重荷を背負っている。当然ながら、男性にとって、この異性の魅力は望ましいもので、事実、それは本質的に女性の場合よりもはるかにずっと差し迫った形で必要なものだが、男性は他のすべての餌を凌ぐ絶対無二の餌——「天下の通宝」と呼ばれる金を持っている。男性は美しくある必要もなければ、健康である必要さえもない。男性は思考や道徳において優れている必要もない。男性はただただ「妻を養う」力があるということを示しさえすればいいのだ。

私たちは誰しもこの問題の裏側が多くのコメディの基本になっていること

を知っている。たとえば、イギリスの劇作家W・S・ギルバート氏の作品(3)に登場する法律家志望の若者が「裕福な弁護士の中年を過ぎた醜い娘と恋に落ちた」ときのように。とても愉快な話だった。大喜びの父親は若者に「あの子は夕暮れどきに逆光を受ければ文句なしに四三歳で通るよ」と言う。とても滑稽で、とてもばかげていて、卑劣なやり方であることは明らかだが、男女が入れ替われば、全然異常ではない。

男性は人生に必要なすべて、人生の楽しみや贅沢、それに名誉もまた生まれながらに手に入れている——女性がこれらを確実に手に入れるためには、何よりもまず男性を手に入れなければならない。それゆえ、あの咲く花のような装いを必死にこらすことになるのだが、それは女性の本性とはまったく相容れないことなのだ。

これが原因で女性はそれほどまでに自分を飾り立てるという点に関しては、いささかなりとも物を考える人たちの間で、活発な論争の的になっている。あのように女性が着飾るのは私心のない美的感覚のせいだとか、他の女性を真似るためだとか、他の女性よりもずっと光り輝くためだとかいった意見がとても真剣に提出されているのだ。

美的感覚という主張に関しては、それを裏づける証拠は僅かしかない。本書の前章が明らかにしていたように、身体の真の美しさは完全に見失われ、無視され、罰を受けている。布地の選択、衣服の線や色、装飾行為においては、それらを支配する力は流行《ファッション》であって、美ではない。あるファッションは美しく、あるファッションは醜い。しかし女性は両者の違いを感知していない。

模倣に関しては、女性が他の女性の服装の真似をしたがることを否定できないが、男性の絶対服従的な姿勢ほどではない。男性の最大の目標は、他者と寸分たがわぬ格好をすることのようで、男性にとってほんの少しでも奇をてらった服装は神の呪い《アナテマ》に等しい。女性はその気になれば髪を短くすることもできる。もちろん、陰口を叩かれるだろうし、敬遠されるかもしれないが、長髪を頭の後ろで結んだ束髪《シニヨン》の男性を想像してみるがいい！　男性は仲間たちからさんざん弄られることになるだろう、鳥の群れがよそ者をつつき回すように。一般論だが、「奇抜な」服装をしようとする男性は、気丈と蛮勇を女性以上に必要としているのだ。

しかし、女性は他の女性に対する競争意識から着飾っているという発言に関しては、それは本当の原因を突き止めた発言に他ならない。競争意識――一体何のための競争意識か？　男性の気を惹くためであることは言うまでもない。このことを示す非常に明白な事例は、私たちの「避暑地《サマーリゾート》」のどこかで、ほぼ女性だけの一週間、とりわけ男性たちが合流する土曜の夜の数多くの女性たちの服装と行動に見られる。また別の事例は、求愛時期に実行していた、髪にバラの花を飾るなどといった可愛いトリックをいつまでも続けるように、という聖職者から既婚女性への熱心な勧告に見られる。この勧告に対する当然の返答は、交際期間中の贈り物や「やさしい振る舞い」を続けるようにと同じように勧告されたときに、「うまく間に合った路面電車だというのに、どうしてそれを追いかける必要があるのですか？」と答えた男性の返答と同様だ。どうして必要があるのだろうか、本当に。

しかし、この問題に関するすべての最終的で満足のいく証拠のなかで、最も優れている証拠は、隠し立てなどせず、どうすることもできないまま、男性の厚意にすがって生きている階層の女性たち――路面電車に絶対に間に合わず、休むことなく追いかけざるを得ない女性たちに及ぼす衣装の影響を研究することだ。この女性たちは着飾る目的を隠したりはしない。この女性たちは競争意識をむき出しにしているのだ。

どんなに卓越した研究であれ、それが明らかにしなければならないのは、第一に本質的に男性的な性的装飾の性格、第二に男性の特性を取り込んでいる女性たちは、その意味で「中性化」している、という二つの単純な事実だ。同時にまた、私たちは、その奇妙な仮装のもとに隠れている、私たち人類（男女両性のいずれかだけでなく）に共通に備わっている美への愛情を認め、さらに、女性の人生における家庭的、経済的、その他の様々な制約がその美意識を歪めているという事実を理解しなければならない。

布地の美しさは色彩と質感、模様、視覚的、触覚的な柔らかさ、襞と線に見いだされる。男性も女性もともにそれを感じる。私たちが風に吹かれる茎の長い小麦のさざ波、水面の波紋、葉の茂った大枝の鬱蒼とした揺らぎ、花葉や果物の表面につく柔らかい果粉《ブルーム》を愛するのと同じように、私たちはシルクやレースやヴェルヴェット、柔らかなリネンや豊かなブロケードを愛する。だが、女性たちの置かれた立場の必然性に盲目的に従う女性たちが、愚かさの限りを尽くすまで美を追求し、挙げ句の果てには、男性であれ女性であれ、大のおとなが一度たりとも心地よく鼻をかむことができないほど高級な亜麻布《キャンブリック》やレースの断片をハンカチ代わりに持ち歩き、ただのクモの巣のように薄っぺらなレースやリボンを――いくら想像をたくましくしてみても衣類とは呼べないような代物を、下着として身に着けているのを見ると、私たちは真の美が性の犠牲になっているのを実感する。

　男性の衣服は、それなりの限界や不合理な点があるにもかかわらず、一つの大きな利点を持っている――それは規格化されているということだ。このように女性の衣服を批判するのは、男性の衣服が完璧であるということを主張するためだ、などと勘違いしないでいただきたい。座っているときは膝に絡みつき、急にしゃがむとばりっと裂けてしまいがちなごわごわして見苦しいズボン、何か身体を動かす仕事をしようとするときには脱がなければならない上着、内側に鬢皮《びんかわ》のついた堅くてごわごわして大きな帽子、それに付随して発生する禿頭、あるいは――他の民族を考慮に入れると――頭を丸坊主に剃ってからターバンを着用する東洋の習慣（女性がふさふさした頭髪を帽子ですっぽり覆い隠すのとまったく同じ程度にばかげた習慣だ）。概して、男性の衣服は決して理想的ではない。だが、その程度のお粗末なものだとしても、男性の衣服は規格化されている。それは制服も同然だ。際立っているのは男性であって、衣服ではない。

　こうした規格化のせいで、衣服を選ぶという重荷は大幅に軽減されている。同じ階級、同じ性格の男性は、女性に必要とされる時間と配慮の十分の一も衣服選びにかける必要がない。それに、男性は女性ほど衣服によって評価されることもない。多くの偉人たちは崇拝する伝記作家たちによって「着るものに無関心で、だらしなくさえあった」

と描写されている。清潔だったかどうかという観点からは批判の余地があるが――人間誰しも男性や女性が洗いたての衣服を着ているのを見るのが好きだから――私たちが女性に接するときと違って、「衣服の着方を知らない」という理由で、私たちは上から目線で男性を批判したりはしない。

女性の衣服、女性の性的に特化され、高度に装飾的な衣服は、女性性と同一視されてきた。この「女性らしい」と考えられている属性を備えていないという理由で、女性は非難されることになるが、実を言うと、この余分に着飾ろうとする努力は本質的には男性的なのだ。戦闘前のアメリカ先住民のように「出陣化粧《ウォーペイント》やビーズや羽飾り」を身に着けた私たちの女性は、それほどまでに男性化し、陰ながら役に立つことに満足している男性は、それほどまでに女性化しているのだ。

かりに女性の感情が美、それもいくつもの組み合わされた布地をまとった人間の身体に見られる真の美を志向していたならば、私たちはまったく異なった光景を呈することになるだろう。衣服の歴史において、私たちは繰り返し美を、特定の時代と民族を祝福し、絵画や彫像の形で現代にまで残っているタイプの衣服を目撃してきた。だが、それらは永遠ではなかった。美の原理に対する真の認知、喜ばしい認識や主張がなかったのだ。多くの民族は、特に農夫の間で、永続的な衣服を創り出しているが、いくらか美しい特徴はあるものの、異様で醜悪で不快で非衛生的な衣服もまた同じように誇らしげに保存している。

これまでに中国服よりも便利で、上品で、快適で、それなりに美しい女性のための衣服が創り出されたためしはない。だが、まさにその中国が、まさにその国の女性たちに対して、あの許し難い「金の百合《ゴールデン・リリー》」(4)と呼ばれる怪物をも創り出したのだ。

この本を書き進める過程で、ファッションについて語るべきことが多々あるだろうが、この章で扱うのは、性別がファッションという名の絶対的な権力に及ぼす影響だ。その権力の経済的、精神的な側面については後で論じる。

もしファッションの恣意的な変化が人類に広く知られているなら、その変化を男性と女性はともに誇示するかのように追いかけていることに私たちは気づくはずだ。しかし、この点に関して、両性の間に顕著な差異があることが判明すると、私たちは両性の間の何らかの本質的な差異のなかか、いずれか一方の性に影響を及ぼしている特別な条件に基づく変化のなかに、その原因を求めなければならない。

私たちの時代の私たちの国アメリカにおいては、世界のより進んだ人種の大半におけると同様に、女性の衣服における「ファッション」は、（a）もっと多数で多様であり――「型紙」およびその型紙の売れ行きに大きく依存している雑誌の凄まじい売れ行きを見られたい、（b）もっと変化が速く、（c）愛用者たちよりもずっと大きな割合の人々によって研究され、追求されていることを明確に確認することができる。

男性は男性自身のファッションを研究することを厭わない。とりわけ若くて「恋愛中」のときはそうだ。しかし、若くもなくて恋愛中でもない一定数の男女の場合、女性よりもずっと大きな割合の男性が「ファッションのページ」を研究しているのが見受けられる。

ジョージ・ブランメル

これを私たちの安易な男性中心主義《アンドロセントリズム》はろくに考えもせずに「女性の弱点」と決めつけてきたが、その一方で、私たちはこの僅かな男性の弱点が極めて完璧に女性に転移されてきたことを知る必要がある。ここでしばらくの間、野蛮で恥知らずな「しゃれ男たち」の華麗な生活や、ジョージ・ブランメルやサー・ピアシー・シャフトン[5]のような目の肥えた人物の豪華な生活に見られる男性の弱点の問題を研究すれば、私たちは進化の流れをたどり始めることができるかもしれない。

原始時代の男性はみずからの自然な性的傾向を雄のクジャクと同じ

ように無邪気な装飾のなかに表現し、より洗練された男性もそれが許される状況では同じことをしている。ヴェルヴェット、刺繍、宝石、レースなどで飾られた、燃えるように鮮やかな男性的な華麗は、「働く必要のない」男性——勲爵士《ナイト》や貴族や「紳士」の間に見られた。現在の経済時代においては、仕事と男性性がほぼ完全に重なり合い、私たちの場合と同じように、女性を何もしない状態か、少なくとも無給の家内工業の状態に置いておけることが男性にふさわしいプライドとなっているが、こうした現在の経済時代の段階的な展開は、本来の様々な特性が完全に変化してしまったことを示している。現代の男性は苦心惨憺の末に創り出した鶏冠《とさか》や肉垂《にくだれ》、たてがみや尾羽のような飾りや、それに匹敵する豪華な衣服をみずからが身に着ける代わりに、それらを女性に誇示させているのだ。

女性の衣服に関する男性の意見に表れている一個の人間としての常識と、この男性の行動に表れている男性的本能との葛藤を見るのは哀れを誘うほどに面白い。この男性の人間としての批判は、女性の虚栄心、女性の浪費、女性のファッションへの愚かな屈服を声高に嘆いているが、男性としての本能は、この男性をすべての女性のなかで最も虚栄心が強く、最も浪費的で、最もファッショナブルな女性に向かって一直線に導いているのだ。

女性は愚かではないし、一般に思われているほど虚栄心が高くもない。虚栄心は、得意げに跳ね回る雄鹿から気取って歩く雄鶏に至るまで、本質的に男性の特徴だ。人間の女性に出くわすまで、「虚栄心の強い」と呼ぶことのできるメスの生き物を見いだすことはない。その女性のいわゆる「女性の虚栄心」にしても、決して生まれつきのものではなく、経済的必要性という圧力の下で獲得したものなのだ。

一人の男性に若い女性の立場に身を置く努力をさせてみよう。あらゆる「遊び」の機会、すべての楽しい時間、好きなところに行って、好きなものを見て、踊ったり、ウマに乗ったり、散歩したりする機会のすべてに恵まれた立場だ——場合によっては、若い女性に頼まれるかもしれない！　その若い女性が「価値の高い」女性だと仮定しよう。となると、男性は女性を喜ばさなければならなくなる——当然のこととして。男性はそうしたいという自然な衝動に駆られるだけでなく、そうしなければならないという新しくて重い必要性も感じている。これが何千年にもわたって女性の身に降りかかってきたことなのだ。女性に自由はなかった。それは男性の世界で、女性がそこを歩き回るのは安全ではなかった。女性はいついかなるときも、「当然の保護者」の一人から襲われる危険にさらされていた。男性にエスコートされる場合を除いて、女性は家に縛り付けられていた。

クレオパトラ７世

ニノン・ド・ランクロ

四人だったのだ。

　これはすべて、結婚によって永久的に安定した生活手段を確保するというあのさらに一層重要な必要性や、愛する相手を喜ばせたいという自然な願望といった主題から逸れた余談にすぎない。

　男性の心をつかむ道は胃袋からと言われている。私たちはさかしらにこう付け加える。「女性はみんな料理の作り方を知るべきだ」と。しかし、男性の心をつかむ最短経路は目からだ。エジプトの女王クレオパトラやフランスの高級娼婦ニノン・ド・ランクロ、フランス社交界の花形マダム・レカミエ[6]の料理の腕前についての記録はない。熱心な女性の料理人はこれまでにも何百万といた——しかし、愛と美の女神アフロディテー以来、男性の心をつかむハートブレイカーとして記録に残る女性たちは、その美貌によって男性を料理したのだった。

　私たちのすべてが美人に生まれるわけではないし、私たちのすべてが男性の煮え切らない心をつなぎとめるあの変幻自在な魅力を生まれつき備えているわけでもない。私たちの愛すべき男性中心主義的《アンドロセントリック》な諺の一つ

マダム・レカミエ

に、女性は永遠に変わり続けるというのがある——ラテン語では“varium et mutabile”（「（女性は）浮気で移り気」）(7)。そうだろうか？ 他の女性たちはどうだろうか？ 他のいくつかの種族では、男性は生まれつき移り気な存在で、好きなように変化したり、変動したりする一方で、女性に選択の機会を与えている。女性は自然淘汰をする者として、選別によって種族を進化させている。しかし、私たちの場合、私たちは男性が選択をしているのを認め、配偶のためだけでなくパンのために男性の厚意にすがっている女性が、その賞賛されている変幻自在な魅力によって男性の趣味に迎合しているのを認めるのだ。

すべての女性にとって、新しいファッションの終わりも希望もない追求に人生を捧げることは、喜びでも何でもないという事実をはっきりと理解していただきたい——それはまるで自分のしっぽを追いかけるネコのようなものなのだ。それは生きていく上での苦労や仕事や出費をひどくかさませる。それは惨めで、無意味で、屈辱的な営みであり、そのことを女性たちは知っている。しかし、「女性の愚行」に対する男性の声高な侮蔑が、そのような女性の一人に道を誤らせたと仮定しよう。その女性にデザインの独創性と大胆な実行力を発揮させよう。さらに、実用的で、着心地が良く、衛生的で、美しいが、流行遅れ《アンファッショナブル》のドレスをまとわせて、公衆の面前に登場させることにしよう！ 熱狂する男性たちは女性の周りへ殺到するだろうか？ 男性たちは「愚かでもヒツジのように従順でもない女性、金遣いが荒くもなければ絶え間ない変化を求めて走り回ることもしない女性がここにいるぞ！」と叫ぶだろうか？ 男性たちは叫ばない。何かを言う責任があると感じるほど近くにいる男性たちは「ねえ、きみ——きみにはそんなに目立って欲しくないんだな。女は絶対に目立ってはいかん」と小声でつぶやく。その男性が非常に誠実だったら、こうも付け加えるかもしれない——「その格好はぼくの体面を傷つけるんだ。女房にちゃんとした服を着せられないほ

「古いバラード」に登場する若者アラン・ア・デイル

ど金に困っているように見えるのさ」。残余の男性どもはと言えば——ただ遠巻きにしているだけ。口先だけの誠意をこめて、「常識的な」衣装に賛辞を呈すると、予定がびっしり詰まったダンスカードと山なりの招待状を抱えて、最高のハイヒール、最短のスカート、最大の帽子を身につけた「最新の」女性を追いかけるのだ。（一九一五年四月現在、(8)「スカートはもっとゆったりしたフルスカート」、帽子はとても小さくて、「細いウエストが再流行中」とか！）

疑いもなく女性たちは愚かだが、愚かそうに見えるほどは愚かでない。その女性たちの「外見《ルックス》」は、とりわけ変化し続ける衣装に関する限り、最も貴重な資産だ。ところで、この発言は計画的な打算に対する非難ではないことを、すべての女性に理解していただきたい。これはそういった類いのものでは一切ない。これはヒト属の女性がまったく無意識のうちに手にした「獲得形質」なのだ。しかし、これは決して「女性の特質」ではない。女性たちが男性に経済的に依存するという不本意かつ不名誉な立場からみずからを解き放ったとき、自分自身と自分自身の衣服のなかに真の美を開発することができるのだ。そのとき、人間の身体はプロポーションや活動が日ごとに変化することはないので、身体を覆う衣服もまた変化すべきでないことを理解し、衣服を見る側の目が多種多様を切望し、それを着る側の気分もそれを切望するならば、それは正統的な色彩と装飾のなかに見いだすことができるということも理解する。だが、その色彩と装飾には、あの高貴な手段としての人体を展示目的のための単なるマネキン人形に変えてしまうばかげたバリエーションが加えられてはいないのだ。

古いバラードにはこう歌われている(9)——

「美しい若者がふざけながら
　道をこっちへやってくるのに気づいたとき
若者は深紅の服を身に着けていた
　見事に派手な深紅の服を」

つぎの日に目撃されたのは――

「同じ若者がうなだれながら
　道をこっちへやってきた
昨日着ていた深紅の服は
　きれいさっぱり捨てられていた
『ああ　悲しいかな！　あわれあわれ！』」

ここには衣服によって心的状態、いずれかの性に決して限定されない心の欲求が表現される正統的な変化が描かれている。この変化を私たちは常に自由に使うべきだ。私たちの衣服における人為的な性差別によって、私たちは両性における最高の美を私たち自身から奪ってしまった。私たちは男性に生まれつき備わっている堂々たる輝きをすべて切り取ってしまったが、この男性的な輝きは、それを得意げに見せびらかす男性の心と、その価値を認めて喜ぶ女性の心の両方を楽しませるべきなのだ。いまや男性に残されているのは、職務を示す記章（これを男性は愚かにも後生大事にしている）と所属する秘密結社のばかげた懸章《サッシュ》や前垂《エプロン》れだけになっている。男性からその先天的な栄光を奪い、女性から価値を玩味する喜びを奪うのは、いかにも残念、残念至極なことだ。そのせいで世界は美に飢えているのだから。

さらに、衣服の不自然な誇示――移り気な男性の熱しやすく冷めやすい空想によって支配されている誇示を女性に押し付けた結果、私たちの手元に残されたのは美ではなくて、このシグナルとしての衣服の不安なはためき、この絶え間ない衣服の変化の狂気じみた競争であり、その変化の一つ一つが最新の変化よりも声高に「こちらを見て！こちらを見て！」と喚いている。

一部の人が主張しているように、女性たちに美の本能が本当に備わっているなら、女性たちは男性がデザインした衣服の悪趣味な過剰、耳ざわりな矛盾、感傷的で、手垢のついた、見え透いている哀願を人目にさらすような真似は絶対にしないだろう。もし性的差異が正常に機能していれば、女性は男性に豊富な多様性、際立って感動的な美を要求するだろう。世界は自然界の生まれながらの表現者としての男性による色彩音楽に心を弾ませ、光り輝くだろう。

それからさらに、その同じ正常な性的差異は女性らしさの真の感情を表現し、もう一つ別の美を、安息と満足に満ちた美を私たちに与えてくれるだろう。永遠なる母性としての女性は、みずからの衣服によって平和と力を表現すべきであって、人目を引くための行商人の陳列台のようにぎらぎら輝くべきではない。花盛りの少女時代においては、気分や空想の繊細な陰翳に富んだ女性は、まだ咲かない蕾のように愛らしくあるべきだ。そして、性の限界から脱却した後の、あの長くてすばらしい全面的に人間的な生活の時期においてこそ、女性は最高の美を表現することをその人間的な生活の一部とするべきだ。

しかし、現状はこうだ！　現在の私たちは、世界の衣服の選択者としての母親という高い地位から、女性たちが老若を問わず引きずり降ろされ、その代わりに、身なりや物腰において、衣服の出前業者、見計らいの衣服の展示業者に成り下がっている姿を嫌でも見ることを余儀なくされている。

男性たちがそれを望んでいることは、デザインにおける男性たちの不断の努力によって反論の余地のないまでに証明されている。男性がそれを好んでいることは、「スタイリッシュな」女性に対する男性の賞賛と、「スタイリッシュな」衣服を敢えて着ようとしない女性に対する男性の無視や回避によってはっきりと証明されている。しかし、こうした事実にもかかわらず、男性たちが「女性の虚栄心」「女性の移り気」などなどについて非常にナイーヴに語ったり、「女性のショッピング好き」について平気で冗談を飛ばしたりするのは、「論理的な男性」に全然似つかわしくないのだ。

女性たちは確かに衣服について考えたり、調べたり、買ったりすることに男性たちよりも時間をかけ、男性たちよりも快感を覚える。しかし、ウマやボートや銃や釣り竿を買っている男性を観察してみるがいい――この過程において、男性たちはしばらくの間、「ショッピング」していて、それを楽しんでいるのだ。

私たちの性差に関する一般的な考え方は誇張されていて、正確ではない。それは決して私たちが思っているほど多くはない。私たちが共有している私たちの人間としての特性は、私たちが個別に持っている私たちの性的な特性よりもはるかに多く、はるかに重要だ。さらに、この問題に関する私たちの一般論はまったく見当違いで、この「女性の虚栄心」といった考えに見られるように、ときには真実に真っ向から対立している。

この問題に関する私たちの間違いが声高に叫ばれ、明確に示されている場所は、衣服以外には皆無だ。私たちがさらに深い叡智にたどり着いたとき、性の特性と人種の特性の間の差異、男性の本質的な特性と女性の本質的な特性の間の差異、自然の魅力の強さと経済的必要性の強さの間の差異を理解するとき、私たちははるかに一層正統的で、はるかに一層美しい衣服の形で、私たちの一層高い進化の段階を明示することができる。節度、保温、様々な職種への適合性といったいくつかの必須事項や、男性の一層大きな華麗さや変わりやすさに見られるような男女いずれかの性別に固有のいくつかの特質が明らかになるだろうが、基本理念はあくまでも人体とその活動への適応性ということになるだろう。

この基本理念を固守し続けるなら、私たちの美的感覚は、本来そうあるべきであるように、真実と必要の両者と手を組むことになり、私たちはハクチョウの羽毛や魚のきらめく鱗のように魅力的で実用的な衣服を開発することができるだろう。

さらに、個性や独創的な空想力が絶妙この上ない形で発揮される機会が現在よりもはるかにずっと多くなるだろう。自由な身体、率直に表明された精神、完全に満たされた要求、自発的で周囲からも歓迎される新しい創造力の見事な発揮が、私たちが夢に見たことさえもない人間の衣服の美の世界を私たちに与えてくれるだろう。

第十八章

帽子

The Hat

衣服のなかで帽子以上に超女性的《ウルトラフェミニン》な心理が明白に表れているものはない。

男性にとっても女性にとっても、かぶり物はこれまでずっと、他のいずれの基本的な動機のためよりも、はるかに多く象徴のために使われてきた。女性にとっては、天然のかぶり物としての頭髪がほとんどの場合、かぶり物として残ってきた。男性は髪を短く切ることを決断したので、頭を覆う手段としては、女性以上に帽子を必要としている。男性にとっての帽子は、日光や風から身を守るためのものかもしれないし、かつては男性に男性独自の頭飾り《ヘッドドレス》を与え、未だに帽子がない男性に男性以下であると感じさせている、あの太古からずっと消え残っている男性心理の痕跡かもしれない。「ぼくの帽子はどこ?」と少年は必死になって聞く。どんなに急いでいるとしても、あの目立たなくて、小さくて、しばしば不格好で、ぼろぼろだが、なくてはならない男らしさの象徴が頭にのっていないと、少年は自分が本当の自分だと感じることができないのだ。

果てしない取っ組み合いの「遊び」は、あの大昔の男同士の闘いの安全無害な子ども向けの名残りだが、この遊びに夢中の少年たちは、お互いの帽子をめぐってとりわけ笑いさざめく。相手の少年の帽子をさっと奪い取って、手放さなかったり、どこかに隠したり、踏んづけたりするのは、少年たちの大好きな遊びだ。このように乱暴に帽子を取られてしまった少年は、失われた名誉のために戦わねばならないが、それを嬉々としてやってのけるのだ。

子どもたちの衣服に対する態度のなかに、私たちの衣装を性的な動機が長年支配してきている証拠を私たちははっきりと読み取ることができる。女の子は躾けられたり、おだてられたり、叱られたりすることで、早すぎると思われる時期から、過度に女性的な衣服に対して注意を払ったり、誇りを抱いたりするようになる。男の子は褒められたり、罰を受けたりする必要もなく、男性であることを主張する衣服に対して完璧なまでに自然な男性的虚栄心を抱くようになる。確かに、男性の衣服は女性の衣服よりはるかにずっと素朴で実用的だが、男性の衣服に見いだす男性の喜び、男性の抑えきれない自尊心は、その実用的な衣服というよりは、男性が男性の優越性だと愚かにも想像しているものに対する証拠としての衣服に基づいている。

帽子に関しては、その男性的な表現の範囲は大きくない。男性がかぶらなければならないのは、地味で質素なスタイルの帽子だ。その帽子によって男性は（a）性と（b）富、それに非常に限られた範囲内だが、個人的な趣味を表現することができる。男性の衣服を細部にわたって賞賛する人たちは、主に衣服の裁断の仕方やスタイル、それに靴下、ネクタイ、男性向きの僅かだが印象的な宝石類といったささやかな装飾具に表れている趣味などについて語るのだ。

男性たちが帽子に言及するとき、そのスタイルと購入したばかりの帽子という二つの意味での新しさを除いて、ほれぼれと見とれるようなものは何もない。シルクハットは常に明らかな特徴があり、夏のサラッとした手触りの麦わら帽子、最新の巻き上がったつば《ロール・ブリム》の付いた山高帽――自慢するものはほとんどない。帽子を選ぶときの男性は、自分独自の感性に合致した帽子を選ぼうとし、ときには成功する。だから帽子を選ぶ男性は、一般的に言って、この選択方式にこだわり続ける。

男性の性的価値は美貌よりも購買力と男性性に付随している――あるいは付随していると思われている――一般的な特質に見いだされることを忘れてはならない。

女性の場合には、事情は大きく異なる。女性のすべての衣服は、最も内側から最も外側に至るまで、性的特徴だけでなく、男性のころころ変わる趣味に迎合したり、それを把握したりしようとして、変化に対する絶え間ない苛立ちによっても修正される。帽子は、他のどの衣服よりも、この二重のプレッシャーを示している。

男女両性を隔ててきた、人為的な性差別を力ずくでも保持しようというナイーヴな努力のせいで、女性が男性の帽子をかぶったりするのを私たちはまったく不適切だと考える。その帽子を女性が試しにかぶってみようとするだけで、相手の男性にキスをする権利を与えることになると思われているからだ。しかし、それでもなお、乗馬やヨット遊びやその種の限られた目的のためのコスチュームに関しては、女性が男物の帽子や、あからさまに男っぽいスタイルの帽子をかぶっているのを見かけることはあるけれども、爆笑劇やがさつなサーカス的ユーモア以外の目的のために、男性が女物の帽子をかぶって、滑稽な姿を人前でさらしているのを見ることはない。

女性が夫のシルクハットや「山高帽」、やわらかいフェルトハットやかたい麦わら帽子をかぶると、「男っぽく」見えるかもしれないが、物笑いの種になることはない。男性が妻の「復活祭の帽子《イースター・ボンネット》」、花やリボンのついた大きな帽子、かちっとした飾りや揺れ動く飾りが溢れんばかりの小さな帽子をかぶったら、男性は軽蔑すべき人間か間抜けな人間に見えてしまう。

これには本当の理由がある。男性の帽子には、その欠陥が何であれ、人間としての尊厳が備わっている。それは何よりもまず人間の頭のためのかぶり物だ。人間の頭に合うようにデザインされている。それは輪郭がシンプルかつ明確で、装飾は控えめだ。

こうした特徴は、どれ一つとして、女性の帽子には当てはまらない。女性の帽子は、その魅力が何であろうと、人間としての尊厳という男性の帽子の主要な属性を完全に欠いている。何よりもまず、それは人間の頭のためのかぶり物ではない。それは人間の頭に合うようには全然デザインされていない。それは輪郭がシンプルでも明確でもない。それは――敢えて言う必要があるだろうか？――装飾が控えめでない。女性の帽子は何でも――サイズや形状や素材や装飾の点で何でもいいのかもしれない。女性の帽子が望ましいと思われるかどうかは、三つの必須条件に基づいている。第一に、それは「スタイリッシュ」でなければならない。第二に、それは新しくなければならない。第三に、それは「違って」いなければならないが、以前にかぶっていた帽子と違っているだけでなく、流行のスタイルに合っている限り、他の女性の帽子とも違っていなければならない。四つ目の関連性の薄い必須条件として、「似合って」いる帽子に対するかすかな希望を付け加えさせていただこう。

帽子をかぶる女性の顔に似合っていて、頭にかぶると軽くて心地よい快適な帽子を見つけ、同じ類いの顔をしている限りずっと同じ類いの帽子をかぶることは、確かに道理にかなった事柄だろう。つまり、女性の帽子の目的が、かぶっている女性を快適にし、個性を表現することであるならば、それは間違いなく道理にかなっているだろうということだ。だが、女性の帽子ほどにその目的からかけ離れているものもない。最初から最後まで一貫して支配的な必須条件は、ゲーテのいわゆる「永遠に女性的なるもの」(1)を表現することではなくて、私たちのあの異常で哀れな女性性、女性に備わっている厳粛で高貴な人格を捨て去った女性性を可能な限り声高に表現し、コクマルガラスみたいに、地上の見も知らぬ生き物のけばけばしい羽根飾りを身に着けることに他ならない。

永遠に美しい女性の彫像の厳粛で優美な顔を――誤ってミロのヴィーナスと呼ばれている「神々の母」の私たちになじみ深い顔を、じっくり観察してみるがいい。あの高貴なまでに女性的な頭に「可愛い」「素敵すぎる」「魅力的」と評される「最新流行の帽子」をかぶせてみれば、そのようなサル真似めいた代物を真の女性の頭に飾るのは、まったくの場違いであることが理解できるだろう。

「そのとおりよ」と私たちは認める。「しかし、いまどきの女性はそんな風には見えないわ。あの帽子をかぶったドリー・ヴァーデン(2)はものすごく素敵に見える、と私は信じている」。

可愛い子どもは――男女を問わず――何を着ていても可愛く見える。さわやかな頬っぺたをした巻き毛の少年は、顔の周りにレースのひだ飾りとバラの花をつけていると、妹と同じように元気そうな顔をしている。しかし、おとなの女性、母親になるのにふさわしい女性は、もはや子どもではない。人生におけるおとなの女性の位置は、夫のそれに劣らず深刻で重大だ。やがて妻となり母親となる若い女性さえも、潜在的な尊厳や高度の責任が待ち受けているが、この尊厳や責任に比べると、跳ね回ったり羽ばたいたりしている陽気な動作は哀れを誘うほどに不名誉だ。私たちの前には、これが真実であることを示すに十分な実例が、大理石の彫刻やカンヴァスに描かれた絵、優しい聖母マリア像、勇敢な目をした聖人たち、大女神《だいめがみ》たちといった形で残されている。その背後には、この地上で展開する人生の長い歴史のすべてがあって、そこでは女性は誠実で質素、男性は華やかに着飾って跳ね回ったり、闊歩したりしている。オスの蚊さえも頭に毛が生えている――メスの蚊の頭には何もないのに。

私たちの日常生活においては、修道女の白布の頭巾《コイフ》のような地味な素朴さのなかや、清教徒やクエーカー教徒などがかぶっている、こざっぱりした変わることのない縁なし帽子の多くのなかに、永久不変の美が輝いているという事実は広く知られている。私たちの揺るぎない信条が納められている、あの遠くの隔離された、精神という個室のなかで、私たちは「飾られていない美が最も飾られている」(3)ということを知ってさえいるのだ。

しかしながら、美は私たちの考えからかけ離れている。穏やかで無意識で愚かなプライドを持って、私たちの女性たちは醜悪なだけでなく、誰か悪意のある風刺画家の創案ではないかと思われるほどに下劣で滑稽な帽子を頭にのせている。一〇年後には女性たち自身がその帽子を醜悪で不条理と呼び、そんな物をかぶっていた心得違いの先輩女性たちのことを嘲笑する。もし正直で記憶力が良ければ、その女性たちは「どうしてこんな物を身に着けることがで

「飾られていない美が最も飾られている」と喝破したカトリック教会の学僧・聖ヒエロニムス
上図版は『荒野の聖ヒエロニムス』レオナルド・ダ・ヴィンチ（1480年頃）
下図版は『聖ヒエロニムス』ドメニコ・ギルランダイオ（1480年頃）

きたのかしらね！」と言いながら、自分自身を冷めた目で眺めたりする。しかし、その理由を解き明かしたり、このおぼろげな知見をいま自分が身に着けている衣類に当てはめたりするために立ち止まる者は、誰一人としていないのだ。

衣服に関する本はいずれも、痛ましい真実——男性も女性もきわめて重大で永続的な美意識を持っていない上に、男性は若さゆえの愚行のほとんどを卒業してしまっているのに、女性はそうしてはいない、という真実を明らかにしている。

女性が並の人間とは思えないほどに愚かであることを示す、この明白で、あまりにも説得力のある証拠は、女性における**人間性**の主張や、**人間の尊厳**や**人間の権利**の主張に対するこの上なく強烈な反論になっている。

他の衣類の場合、ばかばかしさには必ず一定の機械的かつ生理的な限界があった。しかし、帽子にはそれが何もない。帽子をかぶる女性がそれを持ち回れるようにする、サイズは肉眼で見える大きさで、ドアをすり抜けられるようにする——この程度のささやかな条件しか付いていないので、帽子を作るに当たっては、想像力はいくらでも膨らむことができるし、実際に膨らんでいるのだ。

女性用帽子のデザイナーは（帽子のデザイナーも製作者も男性だということを忘れずに記憶に留めておいていただきたい）出来あがった作品が人間という生き物が身に着けるものではなく、紐で吊り下げられたり、トレイにのせて運ばれたりするものであるかのように、様々な形と自由に戯れ遊んでいるように思われる。最初に浮かんだ帽子の案が足蹴りされたり、平手打ちを食らったりした挙げ句、ねじれたり、バランスを失ったり、ぼろぼろになったりした代物が、足や肘はもちろん、人間の頭と何の関係もなくなってしまっている様子には、安酒を飲んで、どんちゃん騒ぎを楽しんでいるようなところがある。

帽子の基本構造は複雑ではない。その先祖はフード、コイフ、縁なし帽、帽子の「山《クラウン》」に未だに見られる暖かい

左の人物が被っているのがタモシャンター

「飛び掛けるメルクリウス」像

フェズ（トルコ帽）を被ったオスマン帝国の第30代皇帝マフムト2世

布や毛皮の覆いや、現在は帽子の「ブリム」に残っている、日差しを遮るための平べったいひさしにまでさかのぼることができる。この「クラウン」と「ブリム」の二つの最も単純な形は、「飛び掛けるメルクリウス」像がかぶっている、頭にぴったりの丸いクラウンと狭いブリムの帽子に見られる。ブリムのないクラウンが極度に発達した形は、フランスの農夫がかぶっていた「ナイトキャップ」型の帽子、スコットランド人の「タモシャンター」、スペイン人の「ベレッタ」、あるいはトルコ人の「フェズ」に見られる。ブリムだけの影響は「苦力《クーリー》たち」の麦わらでできた幅広の日除け《サンシールド》に一番よく見られる。

ウェールズの農家の女性の間では、クラウンがとんがっていて、ブリムはかなり幅広い。神父やクエーカー教徒、その他の間では、低いクラウンと平べったいブリムか丸まったブリムが見つかる。「三角帽」はブリムが三面で上に折れ曲がっている。一七世紀イギリスの「王党員《キャヴァリエ》」はブリムの片側を立てて、宝石か羽根飾りで留めていた。消防士や漁師の間では、首を水から守るためにブリムの後ろが広くなっている。

当該物品の帽子は頭にかぶることが目的だということを忘れさえしなければ、その形やサイズに関しては幅広いバリエーションの余地が残されている。しかし、女性用帽子のデザイナーたちは、このささいな条件や他の条件を完全に無視する。この無責任で不条理な精神を説明するのに好都合な事例を、この数年間で二つ見たことを私は思い出す。

その一つの事例では、帽子の山が引き上げられ、膨らまされて、タコのおぞましくも膨らんだ胴体そっくりになり、この歪んだ膀胱みたいな代物が消防士のでこぼこなブリムの上に置かれて、あみだにかぶるようになっていた。文句なしに醜いという点で、この事例は相当なものだが、もう一つの事例は、ばか丸出しという点で、それをはるかに上回っている。

美しくもない青い麦わら帽子が頭に格好よくのっているところを想像していただきたい。この帽子にはボウル型のクラウンと二インチばかりの幅の無地の質素な上向きのブリムがついている。つぎの瞬間、にやにや笑っているばかっぽい子どもがそれをつかみ取る。明るいしかめ面をしながら、その子はまず注意深くブリムを全部切り取り、何の飾りもないボウルだけ後に残す。つぎに、うれしそうにぺちゃくちゃしゃべりながら、そのブリムを折り曲げて、ねじれた輪を作り、ひっくりかえしたボウルの「前面」の半分くらいの高さのところに、その輪をしっかり固定する。ねじれた輪はそこにくっついたまま、二重フェンスのように突き出ているが、高波のために丘の中腹に座礁したボートさながら、何の役にも立っていない。この哀れを誘う物体を、美人の若い女性が笑顔を浮かべてかぶっていたが、数条の青いヴェルヴェットのひらひらした細長い布切れと何本かの散らかった花という余計なおまけがついていた——座礁したブリム同様、何の目的もなかったのだが。

五年前には、車のドアを通り抜けるのに頭を軽く抑えなければならないほどブリムの周りが大きいだけでなく、眉毛を通り越して肩にまでかかるほどクラウンの周りも大きい帽子をかぶるのが女性の慣習となっていた。これらの巨大な化け物みたいな帽子は「かぶられて」はいなかった。寝台の支柱の上にのっかっているバケツみたいに、着用している女性の頭の上にのっかっているだけだった。その下から外を凝視している、姿の見えない、見下げ果てた生き物としての女性たちは、おのれが何とも哀れで間の抜けた格好をしていることに一瞬たりとも気づいていなかったのだ。

しかし、片方の靴をもう片方の足に履かせてみれば——つまり、他人の頭に帽子をかぶせてみれば、その効果はいとも簡単に示すことができる。あなたの前に一分の隙も見せずに新しいスーツを着こなしている、容姿のいい三人の若い男性A、B、Cがいる、と仮定しよう。それぞれの頭に、形とスタイルはまったく同じだが、サイズの異なる三個の高級なシルクハットをかぶせてみよう。左端のAの頭には、どうにかして頭髪に固定したマフィンリングの大きさのシルクハット。中央のBの頭には、ぴったり合った普通の大きさのシルクハット。右端のCの頭には、耳の上までぶかぶかで、顔をすっぽり隠し、前方を覗き見るためには、顎を上げて外をうかがわねばならず、背後は肩まで低く垂れさがっている巨大なシルクハット。相手が男性の場合、このような両極端の間抜けさ加減に疑問を抱くことができる女性が誰かいるだろうか?

ボードビルの舞台の喜劇俳優は、底抜けのばかぶりを発揮したいときは、しばしば大きすぎる帽子をかぶって登場する。後ろから見ると首は微塵も見えない帽子、両肩の上に積み上げられている例の巨大なかぶり物に他ならない。これにそっくりな出で立ちの女性たちは、何年も何年もの間、無邪気な満足感に浸りきった様子で——誇らしげな気持ちさえ抱いて、人前に現れていたのだった。女性たちには人体の真のプロポーションに関する知識——高貴な生まれの美しい男性や女性を構成している「美点」に関する知識がなかった。身長の八分の一の長さの小さな頭部がギリシアの美の標準だったことを女性たちは知らなかったし、大きすぎる頭は、水頭症の子どものそれのように、あるいは歪んだ大きくて不格好な頭蓋骨が両肩の上に低くのっていて首がないように見える、背中の曲がった身障者のそれのように醜いということも知らなかった。この身障者のプロポーションを女性たちは意識的に真似ていたのだ。この時代の女性を後ろから見ると、まず目に入ってくるのは、ズボンの片脚だけで両脚を思いっきり締め付けている、裾までまっすぐな筒状のスカート、つぎはウエストの位置ではなく、ヒップの最も幅の広い部分にベルトがついた、ゆったりしたサックドレス（肥満体の女性には非常に不幸だが、何の抵抗もなく受け入れていた慣習だ）、最後は例の大量の縁飾りがついている、肩幅と同じか、もっと広い幅の、巨大で不揃いな形の塊みたいな帽子だった。冬になると、この情け容赦なく戯画化された人体に、女性たちは両肩と帽子の間のどこかに強引に押し込まれた分厚いボアや襟巻きや肩掛け《ティペット》を付け加え、その結果、高いヒールを履いた哀れな足、スカートで歩行を妨げられてひきつった両脚の輪郭、庇《ひさし》のような帽子の下を覗くためにあなたが頭をかがめるか、抑えつけられていた目を女性があなたの目のほうに上げるかしたときの顔の一部以外には、あなたは内なる女性の姿を一切見ることができなかった。

現在、ファッション界の大御所たちは考えを改めて、いまや私たちはたいていの場合、最も小型の帽子が提供されているが、その帽子のささやかな表面には、奇抜な突起物、尖った羽柄でできたやせ細った鶏冠《とさか》、くるくる回る触角などの飾りの「アクセント」がつけられている。

この帽子に見られる奇妙な狂気はどのように説明すればいいだろうか？　女性用帽子が他のどの衣類よりもさらにばかげているのは一体どうして可能なのか？　それは帽子に機械的な制限が一切ないも同然だからだ。女性が帽子を選ぶときや試着してみるとき、あるいはショーウィンドーに飾ってある帽子を眺めるときでさえ、その帽子のなかに女性が見ているのは、頭のためのかぶり物でもなく、正当な媒体によって純粋に表現される自分自身の精神でもなく、感情の一時的な表現、気分、ポーズ、魅惑的な態度なのだ。

女性の帽子は最も人目を引きやすく、最もすばやく変化する符号信号《コードシグナル》だ。帽子によって女性はみずからの衣装全体が何を表現することを意図しているかを、より簡単に、より頻繁に、より迅速に伝えることができる。この帽子の表現力は帽子をデザインする男性たちによってかなり明確に理解されているので、無数のつかの間に消えてしまう形の帽子が作られることになる——気まぐれな空想を満足させるという目的を果たすためだ。この帽子をかぶっている女性を見た男性は、かぶっているのが知り合いの女性だと思っただろうか？ それなら別の帽子をかぶっている女性を男性に見せて、まったくの別人だと思わせてみることにしよう。男性は変化を好む。ならばそれを手に入れさせてやろうというのだ。

他方、帽子ほどに実用の美という正当な原理によって容易に判断される衣類はない。他にどんな目的があろうとも、帽子は頭にかぶられねばならない。頭部は性的特性ではない——それは人間としての特性だ。人間の尊厳、知性、優越性がとりわけ頭部に示されている。顔や前頭部——つまり前額部だけでなく、頭部そのものの大きさ、形、バランスに示されているのだ。

これら人間としての特性はすべて、男性でも女性でも同じだ。それゆえ私たちは頭飾り《ヘッドドレス》のための単純明快な原理を規定することができる——正当で美しい頭飾りは男性にも女性にも等しくよく似合うという原理だ。ヘアバンド、月桂冠、バラの花冠、黄金の飾り輪、宝石の冠——これらは男性にも女性にも等しくよく似合う。正当な目的のために進化してきた、簡素なスタイルの帽子や頭飾りなら、男性にも女性にも等しくよく似合う。スコットランド人のタモシャンターやグレンガリー帽、トルコ人のフェズ、ターバン、幅広のつばの「日除け帽子」、頭にぴったりの「ポロ・キャップ」、柔らかい羽飾りのついた「キャヴァリエ・ハット」[4]、おしゃれな「セーラーハット」——これらは人間の頭のためのかぶり物であって、性的信号《セックスシグナル》ではない——そのいずれかが単なる慣習や、軽率に作られ、恣意的

キャヴァリエ・ハット

に付与された誤った趣味の基準によって、性的信号になっているとしても。しかし、ローマの将軍はバラの花冠を頭にかぶっても女性的にならなかったし、詩人サッポー(5)は月桂冠を頭に頂いても男性的になることはなかった。

「でも、衣服には性による区別があるはずだ！」と抗議する人もいるだろう。

衣服には何らかの性的区別があるべきだという主張を議論のために認めるとしても、新しい問題が持ち上がる――どれくらいの区別があるべきなのか、という問題だ。帽子は「私は頭のかぶり物です」と言うべきなのか？　それとも「私は苦悩の信号《シグナル》です――私を捕まえに来て」と言うべきなのか？

衣服には性的区別があるべきだという主張をさらに一層完全かつ率直に認めるとしても、それは正当な性的区別でなければならない。それは表現されている性の本質を示さなければならない。女性は女性の真の特性を――そして男性の真の特性をまだ学んでいない。女性たちが選択した他の動物種を女性たちに研究させ、ライバルとの激しい戦いは言うまでもなく、羽毛を不必要なまでにひけらかしたり、気取って歩いたり、誇らしげに鳴いたり、足を踏み鳴らしたり、大声で喚いたり、跳ね回ったり、意気揚々と歩き回ったりして、鋭く観察しているメスの注意を引き付け、そのメスに気に入られようとしているのは、オスであり、例外なくオスであるという事実を理解させるとしよう。

メスはそのようなことは何一つとしてしない。メスが必要もないのに羽衣《うい》を見せびらかしたり、傲慢な鶏冠を逆立てたり、派手な肉垂《にくすい》を揺らしたり、跳ね回ったり、気取ったポーズをとったりして、オスの注意を引き付け、そのオスに気に入られようとしているのを私たちが見ることは、世界中を隈なく探しても絶対にない――**人間の女性**は別として、絶対にないのだ。

私たちが学ばなければならないのは、この咲く花のように派手な装いやじゃれ回る陽気な振る舞いのすべては女性的ではない――それは男性的だという事実だ。私たちの立場は、どうにかして連れ合いのオスの豪華な尾羽を手に入れて、オスの気を引くために気取って歩き回っている雌クジャクのそれに似通っている――これは雌クジャクとしては恥ずかしくてとてもできないことなのだ。

雌クジャクはそのようなことする必要がない。雌クジャクはメスであり、それだけで十分なのだ。オスを引き付けるのは雌クジャクの**女性的特性**《フェミニニティ》であり、オスの羽衣をどんなにたくさん借りてきても、メスの生来の力がいや増すことはないのだ。

もし女性が公平に女性用帽子を評価したかったら、それを男性の頭にのせてみるだけでいい。その帽子をかぶることで、男性が間抜けなサルのように見えたら、それが気高くも美しい帽子ではなく、正当な帽子でさえもないことを心から確信するかもしれない。もしその女性が「おや、でも私がかぶったら、とっても可愛く見えるわ！」と言ったなら、自分自身にこう問いかけさせよう。「どうして私は可愛く見えたいのか？　私はおとなの女性で、一人の人間だ。私の性は**基本の性**、**最初の性**、**常に必要とされる性**だ。私は**世界の母**、**生命の担い手にして創造者**、**人間産業の創始者**でもある。私の弟は帽子をかぶっても、可愛く見えたいと思ったりしないのに、どうして私がそう思ったりしないといけないのか？」と。

ヤシュマク

非常に女性的で、非常に恣意的かつ強制的に女性的で、非常に誇張的かつ過剰なまでに女性的と思われている女性たちは、女性の本質や力や尊厳をまったく理解していない。かりに部分的にでも、女性たちがそれらを理解するとき、その長い隷属期間において、完全な屈辱感を抱いて振り返るものとしては、帽子以外に何一つないだろう。

「金の百合」《ゴールデン・リリー》(6)と呼ばれる纏足《てんそく》の場合、女性たちには選択の余地がなかった。イスラム教国の女性が人前で着けるヴェールの「ヤシュマク」の場合も、女性たちには選択の余地がなかった。靴の場合——頑固な靴屋や店主との生涯にわたる駆け引きは別として——女性たちには選択の余地がなかった。しかし、帽子の場合には、女性たちにも確かに選択の余地があった――そして精魂と情熱を傾けて、多額の費用も惜しまず、かわいそうなほどに揶揄されたり説得されたりした挙げ句、市場が提供する、最も醜くて、最もくだらなくて、最も役に立たないかぶり物《ヘッドギア》を選んだのだった。

そのような帽子をデザインしたのが男性たちだったという事実を私たちは明らかにすることができるし、女性が頭にかぶったそのような帽子を絶賛した男性の趣味を引き合いに出すこともできる。しかし、それによって何百万もの女性が満足しきって、喜び勇んで、得意満面の表情を浮かべて、そのような帽子を購入して、頭にかぶったという事実が変わることはないのだ。

今日の女性たちは教育を受けている。女性たちは美術を、最大級の大文字「A」で始まるアートを、最も長い歴史をもつアートを研究している。女性たちは過去から現在の私たちに残されている偉大な彫像の静止した美や彫像の断片に感嘆している、あるいは感嘆していると明言する。しかし、女性たちは広く知られた美の原理を自分たちの衣服に応用しようとさえせず、「様々なスタイル」の恣意的なリストから、「似合う」衣服はどれかという根拠のばかげた考えに基づいて、衣服を選んだり、推奨したりしている。

女性用帽子を語るに当たって、もう一点、言及に値する事柄がある。この女性用帽子のサイズといっぱいに広がった飾りと、屋内で帽子をかぶるという習慣のせいで、何かを見なければならないところでは、帽子はずっと以前から周りに思いやりのない厄介物扱いにされてきた。たとえば劇場では、長年にわたって、おしとやかな良家の子女たちは、後ろに座っている男性が巨大な帽子のために舞台が見えないということを、ときにはその被害者本人からの抗議によって知っていいながら、上演中もずっと帽子をかぶったまま座っていた。ついに、この慣習は問題の女性の側の理性や思いやりによってではなく、劇場の経営者側が施行した規則によって、強制的に廃止されることとなった。教会においては、二千年ばかり昔のヘブライの有力者たちの発言のために、この帽子を脱ぐという賢明で思いやりのある習慣を取り入れるのに長い時間がかかっている。

「女の光栄は髪である」と一人の古代人は言った。「教会では女におおいをかけさせよう」と別の一人が言った。[7]

今日では、女性の光栄は髪ではない。それは帽子だ。もし聖パウロが私たちのイースターの衣装を見たとしたら、「教会では女の帽子におおいをかけさせよう」と言っただろう。しかし、私たちはこうした事柄について論理的に考えることをしない。

劇場では、私たちはたとえ見ることができなくても、何かを聞くことはできる。教会やコンサートホールでも、私たちはたとえ見ることができなくても、聞くことはできる。しかし、大きな帽子をかぶって野球の試合を観に行く心優しくて、思いやりのある良家の子女のことはどう言えばいいだろうか？ そういうことをする女性たちが現にいるのだ。私自身、野球の試合で、大きな帽子をかぶった女性の後ろが三つも空席になっているのを見たことがある。しかも、満員のスタンドのいい座席だというのに。さて、その女性の頭のなかで、もし何かが起こっていたとすれば、それは一体何だったのだろうか？ 野球の試合で絶対不可欠なことは**観ること**だということを、この女性は知らなかったのだろうか？ 自分の後ろに、チケット料金を払った熱心なファンの男性たちがいることを、この女性は知らなかったのだろうか？ 男性たちの目の前に一ヤードの新聞紙や開いた雨傘を置く権利がないのと同様に、一ヤードもある帽子のブリムを置く権利がないということを、この女性は知らなかったのだろうか？

このエピソードは、ある屋外スポーツのオープン戦で、満員の特別席でパラソルをさして座っている何人かの「か弱い女性」を見たことがあるのを私に思い出させるのだ！

女性の帽子が日光や寒気から頭部を守るためという本来の目的を完全に失ってしまったということを示すさらなる証拠は——さらなる証拠が必要ならばだが——装飾的な目的のためだけに女性が屋内で帽子をかぶるという昨今の慣習にも表れている。それは古代人の指示を受けている教会だけでもなく、この扱いにくい装飾品を脱ぐための便宜が図られていない公的な場所だけでもなく、短い「訪問」や実際は顔を出す程度の「お茶会」や「レセプション」だけでもなく、個人の家での長時間にわたる親密な昼食会でも行われている。この昼食会では、女性客たちは二階へ上がって、外套のような「着衣を脱ぐ」が、装飾的と思われる帽子は、後生大事にかぶったままだ。この女性たちがテーブルを囲んで着席すると、長い羽毛と背の高いゆらゆら動く飾りが揺れて、接客係たちの邪魔になったり、しばしば帽子を着用している女性に頭痛をもたらしたりする――はっきりした理由は何一つないというのに。

念のために言っておくけれど、これは「女性だけの昼食会」なのだ。出席者たちはお互いに魅力を振りまく必要などはさらさらない。ただのファンファーレ的な仕草に関して言えば、女性たちは入って来たときに、帽子を見せびらかしていたが、出ていくときもまた、もう一度見せびらかす。帽子を置く場所もあったし、脱いでからまたかぶるための時間もたっぷりあった。髪がきちんと整っていないという例の恥ずかしくて悔しい口実に関しては――ランチパーティーのために盛装する時間のある淑女は、髪をとかす時間もきっとあるはずだ。

女性の衣服を特色づけている頭の悪さは、帽子の問題で如実に発揮されているので、他に実例がなくても、この一つの実例だけで十分に説得力があるに違いない。知性を現実に応用する能力の欠如を示しているこれらの人々が、他の分野ではすばらしい知性を発揮する、おそらくは幅広い教育も受けた女性たちであるということは、人間の心理に関してしばしば確認されている事実――人間の頭脳には巨大な領域があり、ある分野における才能の全力稼働は、別の分野における才能の完全無視と矛盾しないという事実を立証しているにすぎない。最も賢明で最も偉大な男性たちのなかには、大食という子どもじみた不節制や、もっと危険な麻薬の常用癖を断ち切るのに十分な知的能力を持ち合わせていない者もいた。最も優秀で最も才能のある女性たちのなかには、女性に似つかわしい帽子をかぶったり、女性に似つかわしくない帽子を屋内で脱いだりするのに十分な知的能力を持ち合わせていない者もいた。

女性用帽子をめぐるこの短い論評さえも、女性たちの最も傲慢で非情で不快な特徴の一つに触れなければ、不完全なままで終わってしまう。その特徴とは他人をくすぐったり、苛立たせたり、ときには傷を負わせて痛い思いをさせたりするピンや飾りを帽子に使うことだ。

もし口をあんぐり開けたばか者やいたずら好きの悪童が、リボンや羽毛で人々の顔をなでまわしたり、固い羽軸で身体を激しくつついたり、長いピンで引っかいたり突き刺したりすれば——この加害者たちにはどのような処分が下されるだろうか？

ばか者は危険人物として監禁されるだろう。いたずら好きの悪童は罰せられるだけでなく、その侮辱的で攻撃的な行為について補導されることになるのを私としては期待したい。

同じように侮辱的で攻撃的な帽子をかぶっている、おびただしい数の女性たちを私たちは監禁することができない。罰することもできない。しかし、この女性たちは絶対に補導を免れることができないのだ。

第七章

装飾芸術、装飾、そして装身具

Decorative Art, Trimmings, and Ornament

手作りの作品を飾りたいという衝動は、性別に関係のない、人間的な衝動だ。原始時代の女性が創造産業を独占し、作られる物品をすべて作っていた間は、女性が装飾芸術をも独占していた。陶器、籠細工、ビーズ細工、革細工、刺繍などのデザインは女性が手掛けたものだった。しかし、男性が物品を作り始めると、男性もまた自作を飾り立てたい、道具や武器に装飾彫刻を添えたい、というその人類共通の衝動を感じるようになった。

豪華な外見によって感銘を強めたいという男性本来の衝動や、私たち女性に不自然な形で取り込まれたその男性的な衝動に加えて、この人間的な衝動を衣服のなかに跡づけることができる。

現代女性の衣服を一瞥しただけでも、装飾が圧倒的に多いという事実を見過ごすことはあり得ない。女性は服を着ているだけでは十分ではないし、その衣服の質感、色彩、図柄、職人芸が自分の考えで美しいというだけでも十分ではない。その衣服に女性は装飾を付け加え、さらに、その装飾を施した衣服に別個の付属品を、衣服でも何でもない単なる装身具――あるいは装身具と考えられる物品を付け加えるのだ。

織物における装飾芸術の順調な発展はまさにお見事の一語に尽きる。手織物の単純なパターンからレースや錦織《ブロケード》の複雑の極致まで、初期の粗染料から東洋の敷物の溶け合った色彩の美しさまで、最初期の刺繍のステッチのバリエーションから日本の刺繍の絢爛たる開花まで、私たちには興味あふれる、真に美的な喜びの世界がある。織物工芸の進化は、複雑で精巧であると同時に、人類以前の進化の努力と同じように自然でもある。たとえば、独立した製品としてのレースは、より単純な形まで、つまり緩く結んだ糸、編み細工《ノットワーク》、抜きかがり細工《ドローンワーク》などなどのような初期の最も粗い段階にまで遡ることができる。装飾物を別個に作って、それを衣服に縫い付けるのは、ごく最近の段階だ。失われた文化の遺物のなかから発見された豊かなレースの切れ端は、レース作りがずっと以前に確立していたことを証明するだろう。

女性は繊維製品に携わる最初の、そして人類のすべての歴史を通じて、ごく最近に至るまで、唯一の労働者だったので、このような形態の美に対して女性が特別な感受性を持っていた理由を説明することができる。日本では、豪華な刺繍は男性によって制作されているため、男性もその美しさに深く感動したり、刺繍された衣服を身に着けたりする。私たちの民族では、女性が上質な布地を自分で作らなくなった後も、それに対して女性が特別な感情を抱くのには正当な根拠が存在する。ジャカード織機、ミュール精紡機、ジェニー紡機(1)、それに男性を現代の「紡ぎ女《スピンスター》(2)」に変身させたすべての新しい機械が出現したのはつい最近のことなので、織物工芸に対する遺伝的な感受性を女性から奪い取るには至っていない。

しかし、この女性が抱く特別な趣味を十分に考慮したとしても、レースのハンカチの場合がそうだが、この趣味に果てしなく没頭するあまり、一点の衣服や一個のアクセサリーの装飾性がその本来の用途を曖昧にしたり、否定したりする結果になっている理由を説明することはできない。

装飾には一定の法則があり、実用を目的とした美を支配する一定の原理もあるので、人間としての女性、現代社会の教養を身に着け、教育を受けた一員としての女性は、そうした法則を認識しなければならない。ハンカチが装飾品として帽子に留めたり、優雅さの象徴として女性用のステッキの端に吊り下げたりするためのものなら、薄手のレースや糸ガラス(3)、あるいは軽やかで目を引く材料で作ったほうがいいだろう。しかし、涙を拭うために使われる亜麻布《キャンブリック》のハンカチには、絶対的な限界があると言わねばなるまい。その限界がわからないということは、ハンカチの用途や装飾の法則について何も知らないということを示している。

抑制が効かないまでに装飾が過剰だったり、繊細さや柔らかさや細かさなどのモチーフを過度に追求したりしている女性の衣服は、第一に、織物工芸とその装飾的発展に対する自然な評価を、第二に、真の意味での審美的な訓練と判断の欠如を明らかに示している。

男性の美意識は、男性を男性としての自己顕示欲に駆り立てるが、必要性と判断力によって抑制されている。女性の美意識は、本来、派手でも過激でもないが、必要性がそれを制限しないために、男性のそれよりも表現が放縦的になる。効果的な判断力において、女性は明らかに男性に劣っている。

ここで適切な実例を挙げておこう。ある女性のドレスメーカーが、他の女性に満足して着てもらうために、いま話題にしている衣服を作り上げた。その生地は淡い黄色の柔らかなモスリンで、薄いピンク色から赤色へと変化するバラ色のサクランボの房が、雲のように散りばめられた豊かな図柄で覆われていた。全体的な印象として、このモスリンは色彩が美しく、よくよく調べてみると、生地もデザインも美しかった。この種の素材を衣服として使うには、そのような美しさのすべてを表現できるように、裁断や配置を工夫する必要があることは言うまでもないように思われる。このドレスをまとう人も、歩くたびに揺れる軽やかなヴェールのように、デリケートな生地をふんわりと漂わせながら、バラ色の雲のなかにいるかのように歩かなければならなかった。もっと重い素材が下着に必要な場合には、その上をモスリンの生地が自由に流れるようにならなければならなかった。だが、ドレスメーカーの女性が作り上げ、共同制作者で購入者でもある女性が誇らしげに身に着けたのは、つぎのようなドレスだったのだ。

バスク

このドレスのボディスは、クリーム色の厚手のサテンを裏地に使った、体にぴったりとフィットする「五つの縫い目《シーム》のあるコルセット型胴着《バスク》(4)」になっていた。そのような裁断が生地の図柄を任意の線で断ち切って、完全に台無しにしたことは言うまでもない。それは生地の効果を徹底的に破壊したので、少し離れたところから見る人には硬い更紗《チンツ》のようだったかもしれない。

このドレスのスカートはまず、同じ厚手のサテンを裏打ち布にしていたが、それは膝までの部分が白くて粗い素材で固められ（もちろん表面からは見えないが）、飾り紐《ブレード》で縁取られていた。この下地用サテンは、まるでレザーでできているかのように垂れ下がって、優雅に揺れていた。そのサテンの上に、すでに触れた絶妙なモスリンがつぎのようにアレンジされていた。スカートの背中の部分では、その「背中の幅」にぴったり合わさるように、プリーツ状に寄せ集められていたが、恐らく六フィートか七フィートの長さの布地が、ずらっと隙間なく不規則に並んだパフで飾られていた。スカートの前側と裾まわりには、ナイフプリーツ[5]の列が交互に作られていて、機械で強くプレスがかけられた幅四インチほどの細いプリーツがずらっと隙間なく規則的に並んでいたが、最初の列は模様入りのモスリンよりは硬く、サテンほどは硬くないクリーム色の無地のモスリンのプリーツで、つぎの列はあの柔らかいモスリンそのもののプリーツだった。あの豊かな柔らかい雲のようにしなだれるサクランボ模様のモスリンがナイフプリーツになっているとは！　スカートの前側には上から下までずっとこの屋根のようなプリーツが施され、裾まわりでは四インチ幅になっていた。

　これほどの大仕事に満足できなかったのか、このデザインに大量に持ち込まれていたのは——読者は何とお思いだろうか？　デリケートなモスリンにふさわしい縁飾り《トリミング》とは一体何だったのか？　このモスリンの美しさは一目瞭然だったので、余計なものは何一つ必要でないことは明らかだったが、ドレスメーカーの考えは違っていた。この女性が選んだのは真紅のヴェルヴェットだった。細長い形のヴェルヴェットのリボンが、ボディス全体、スカートの前身頃、両袖などのいたるところに、房結びや蝶結びや飾り結びで散りばめられていた。襟はヴェルヴェットの窮屈そうな立ち襟だったことを言い忘れてはなるまい。だが、この最高傑作の最も衒示的《コンスピキュアス》な特徴はまだ言及されないままだ。それは襞の屋根で覆われたスカートの前面の両側に見られる深紅のヴェルヴェットの「パネル」だった——これはベルトから折り襞飾りまで伸びている大きくて長くて平らな代物で、ずっしりと重いヴェルヴェットの二枚のごわごわした厚板《スラブ》がデリケートなモスリンのスカートに縫い付けられていたのだ！　芸術的な技巧を示す些末な事柄として、この織物を拷問にかけるような縫製作業の仕上げに、サスペンダーのボタンを留めるのに十分なほど頑丈なごつい糸が使われていたという事実を付け加えておこう。女性の豊かな美意識、肌理《きめ》の細かい生地への女性特有の愛情、華麗さを求める男性的な性向から受ける外圧、労力や材料でソースタイン・ヴェブレン(6)のいわゆる「衒示的浪費《コンスピキュアス》」を見せたいという欲求、一過性のファッションの残酷なまでの無関係性のバランスを示す実例としては、この無残に台無しにされたモスリンに勝るものを私は何一つ知らない。

近年では、これとまったく同じ不協和音的なモチーフの常軌を逸した混合を、私たちは織物装飾における究極の暴挙と呼ばれてしかるべきファッションにしばしば見かけるようになっている——それはレースに毛皮をあしらったファッションだ。

機能を失って何の役にも立たない芸術的感覚の痕跡が頭のなかに辛うじて残っている女性なら誰でもいい、レースとは何か、毛皮とは何か、という問題について、短時間でも勉強していただきたい。

レースは、あらゆる織物のなかで、最も高級で、最も繊細で、最も精巧で優美だ。レースは愛情と知性にあふれた労働の長年にわたる緩やかな進化の所産なのだ。レースを作るには、高度な職人技が必要不可欠だ。レースを理解し、賛美し、賢明に選択するにも、高度な芸術的センスが必要不可欠だ。レースを適切に身に着けることは、保護された安心で安全な状況と、改まった行事といった状況を暗示している。

毛皮とは獣類の皮と毛のことだ。穴居人はそれを身に着けて、犠牲になった動物の暖かい皮で寒さに震える体を覆っていた。北極圏の先住民はいまでも専ら毛皮を着用しているが、これは毛皮の保温力のためでもあり、他の防寒材が手近なところにないためでもある。毛皮は同じ理由でロシアの農民《ムージク》によっても着用されている——羊皮のコートは暖かく、手っ取り早く作れて、洗濯しなくても長く着続けられる。

毛皮はあらゆる寒い国の先住民にとって主要な頼みの綱的な存在であり、どの民族の開拓者にとっても同じように有用だが、私が聞いた話では、シャクルトン南極探検隊(7)はフランネルの毛織物が毛皮よりも軽くて暖かいことを発見したとのことだった。

毛皮は作成のための芸術的努力も、素敵なデザインを夢見ることも、昇華された技術も必要ない。毛皮を手に入れるためには、動物を殺して、皮を剝ぎ、それを鞣《なめ》しさえすればいいのだ。

毛皮は、現代の人類の衣装を未開地の先住民の粗末な被服から隔てている、長い長いひと続きの階段である進化の梯子《はしご》の一番下に位置している。

それが衣服の素材としての毛皮とレースの相違点なのだ。

芸術的技巧としてのレースは装飾の最大限度だ。人間の身体はもっと強くて、もっと地が詰んだ織物で覆われねばならないが、末端部分、とりわけ繊細な腕や手が現れているあたりや、白い首がアフロディーテのように泡から立ち上がるあたりだけは、レースの薄膜状の襞《ひだ》や雪の結晶を思わせるレースの図柄が似つかわしい。

この究極のほのかな美の末端部分をわざわざ選び出して、そこに一片の毛むくじゃらな獣皮をくり付けるのは、パーゴラ[8]の白く塗った柱の先端部から縁石をいくつもぶら下げるようなものだ。

他のすべての芸術と同じように、装飾には装飾の法則がある。様々な布地に使われると、それは様々な形になるが、その一つ一つに真実の原理が宿っている。構造上の必要性にせまられて、この装飾の原理のより厳格な適用が若干修正されることはある。確かに、衣服として衣服に施された刺繍は、生地に無造作に施されてから切り取られ、もう一度縫合されたものよりも貴重だ。それが貴重であるのは、それが高度の洞察力を暗示しているからであり、そのようにして適用された図柄は、衣服の構造上の限界により完全に適合させることが可能であるからだ。

とはいえ、切り離された装飾を施すことは、確かに簡単で安価ではあるとしても、施された装飾が適切であれば、それ自体は不快ではない。

私たちが一般に犯す失敗は、何が適切であるかの認識、つまり価値や調和に対する鋭い感覚に関わっている。中

メーテルリンク

オー・ヘンリー

チェンバーズ

世の仕立て屋が下着の豪華な素材を恣意的に見せるために、まったく必要のない切り込みを布地にあける裂け目装飾《スラッシュ》という誤った装飾技法を考案したのと同じように、現代の私たちは、装飾の原理が存在するということさえも知らないまま、裁断をしたり、トリミングをしたり、タグやボタンを付けたりしている。

育ちの良い女性は、自分が話す言葉に俗語や卑語を混ぜたりはしない。ベルギーの詩人モーリス・メーテルリンクが突然変身して、アメリカ作家オー・ヘンリーの文体で執筆したり、そのオー・ヘンリーが同じアメリカのホラー小説家ロバート・W・チェンバーズのレベルまで堕落したりすれば[9]、この女性は文学的手法の乱調にたちどころに気づくだろう。そのような乱調を音楽に聞きつけたら、苦痛とショックを覚えるだろうし、テーブルセッティングにそれが見られたら、憫笑を浮かべることだろう。この女性はまた、綴れ織りの壁掛けで飾られた応接間にシェーカー教徒が創った簡素なロッキングチェアを置いたり、アヴィランドの白磁器に混じって黄色いクッキングボウルを置いたりはしないだろう。だが、この同じ女性が毛皮の縁飾りのついたレースのドレスを身にまとっても、その途方もない蛮行に対していささかの反発を覚えることもないのだ。

私たちは、「純金に金メッキをし、ユリの花に絵の具を塗る」[10]ことがいかに不適切であるかを口にするが、それ自体が究極の美しい縁飾りであるレースに「縁飾りを施す」ことの不適切さには気づいていない。かりにレースにダイヤモンドの縁飾りがついていたとしても、それはモチーフの混乱ということにすぎないが、レースに毛皮の縁飾りをつけるなどということは――！

鋭い観察眼と自説を生き生きと伝える表現力を備えていたチャールズ・リードは、[11] リボンやフリルや襞飾り《フラウンス》などの交差する硬いラインでシルクやヴェルヴェットの光沢《シーン》やゆるやかな垂れ下がり《フロー》を台無しにしているという理由で、同時代の女性たちに対する非難の声を上げていた。その非難はまさしく正論だった。しかし、美を愛する女性はリードのような異論を唱えることはしないのだ。私はフリルのたっぷりついたヴェルヴェットのガウンを見たことがあったが、幅の狭いカールしたヴェルヴェットのフリルで、およそ二インチの長さがあったのだった。

ヴェルヴェットやサテンや錦織、それにあの拷問にかけられたような苦悩のサクランボのモスリンのような豪華な図柄の生地は、ほとんど装飾を必要としない。最高に豪華なヴェルヴェットに加えることができるのは、白い泡のように豪華なレースだけで、そのレースも縁飾りとして縫い付けるのではなく、襟首と袖に着けることで、ジュエリーを一層引き立たせる結果になる。

ここでやっと話題は、特に女性の衣服に関わりのある、装飾のもう一つの主要な部門に移ることになる。

光輝や色彩を愛でる気持ちは基本的なものだ。どんなに幼い子どもでも、どんなに最下層の先住民でも、いや、カササギやカラスでさえも、きらきら光る石が大好きだ。先住民と交易する人たちはビーズを持って行くが、ビーズは貧しい買い手たちにとっての宝石なのだ。買い手たちは価値について何も知らない。「衒示的消費」の時期に達していない。先住民の某夫人が「五〇万ドル相当のビーズを身に着けている」と誇らしげに語ることもない。だが、ジュエリーを愛《め》でていることは否定できない。

宝石はまずその色彩や光輝のゆえに、つぎには永遠の財産として、尊重された。貴金属も同じように珍重されたが、そのいずれも古くから男女両性の心の支えとなってきた。東洋の民族では、この問題に関する限り、男女の区別はない。インドでは王も王妃も宝石をちりばめたターバンやひとつなぎの真珠を身につけて光り輝く。

こうした素材を用いることで、美しい芸術が育まれてきた。金細工師や銀細工師、カメオやインタリオ[12]の彫刻師、宝石の巧みな魔術師たち[13]は、私たちの生活の人工の美に大きく貢献してきたのだった。

ここで宝石を理解するためのいくつもの要素を個別に挙げておく。第一に、宝石の色彩や光輝といった根本的な要素。第二に、正当に評価された宝石の価値に対するセンス。第三に、この第二の要素に加えて、支出した金額の虚飾的誇示。第四に、宝石職人のすばらしい技量に対する芸術家的な愛情。

現代の私たちの宝石の使い方は、男女を区別する段階に達していて、この装飾の分野はほとんど完全に女性が独占している。男性が手に入れることができるのは――

（a）好みの品で、支払う余裕のある価格のついたいくつものネクタイピン
（b）飾りボタンとカフリンクス
（c）懐中時計の小鎖とその先につける飾り
（d）指輪

これが男性の限界だが、この品々でさえも色彩や光輝の要素は抑えられている。男性は優雅な裕福さを見せることができるが、シャツの襟の大きなダイヤモンドの飾りボタンやきらきら輝く派手な指輪は、男性としては、悪趣味のしるしとなる。

だが、女性の場合は事情が異なっている。女性に与えられるのは――

（a）あらゆる種類のブローチとスティックピン
（b）ネックレス
（c）ブレスレット
（d）宝石付きのティアラやあらゆる髪飾り
（e）イヤリング
（f）指輪
（g）飾りボタン、カフリンクス、チェーンなど。さらに大量の宝石をちりばめた装身具

女性は男性よりもはるかに大量かつ光り輝く種類の宝飾品を持つことを許され、それを人目にさらすことに喜びを覚えている。

なぜだろうか？

この状況へアプローチする方法の一つは、農民やハーレムの美女、あるいは半文明化された部族に見られるが、そこでは女性が一家の全財産を銀のアンクレットや金のスパンコールとして身に着けている。

これと並行する、もう一つのアプローチの方法は、自分の所有財産としての女性の美しさと価値の両方を高めたいという男性の願望だ。二人の男性のうち、宝石で光り輝く美しい女性を買うか、盗むか、あるいはそれとは別の方法で確保することができる男性は、手に入れた女性が光り輝かないもう一人の男性よりも多くのことを成し遂げたことになる。

不朽の名著『有閑階級の理論』において、ヴェブレンはこのモチーフが私たちの現代生活のなかにあることを明確に示している。(14)現代の男性は際立って豪華な衣服を自分自身が着ることはできないが、それに対する好みを自由に

間接的に満たすことができるのは、男性の妻が、その衣服や装飾品によって、男性の目を楽しませる役割だけでなく、男性の財力を世間の目にさらす役割も果たすからだ。

男性の妻が身なりをきちんと整えることは、男性の信用を高めることにもなる。妻がいい身なりをすればするほど、高価な衣服を着れば着るほど、男性の信用は高くなる。妻が代金を支払うことはない。妻の華麗な容姿はひとえに夫の気前のよさと購買力に負うところが大きいのだ。

三つ目と四つ目の理由はそれほど説得力がない。男性に扶養される女性は、幼少の頃から贈り物をしてもらうのが習慣になっている。女性がみずからの衣服や装飾品を自分の金で買うことを選ぶようなレベルの経済活力に達することはめったにない。そこには二つの別個の感情が混ざり合っている。一つは、愛する人たちから贈り物を受け取ることに対する自然で無邪気な喜びで、これは子ども時代には至極当然で、成人してからもある程度までは当然な感情だ。もう一つは、何としても贈り物を手に入れようとする浅ましいまでの意欲で、これは貪欲な幼少期や隠れもない寄生生活だけに見られる感情だ。

男の子であれ、女の子であれ、幼い子どもは誰でもおねだりをしたり、プレゼントをせがんだりするものだ。男の子は成長するにつれて、その状態から抜け出す。女の子はそうはならない。成人した女性は他人に物を買ってもらったり、花やキャンディや宝石を持ってきてもらったりしているのに、同種のやり方でお返しをすることが決してないのを恥じ入っている、と人は思うかもしれない。

女性からのお返しは、まったく別種のやり方でなされているが、それは広く知られていて、予想もされている類いのお返しだ。自分自身の購買力を持たないまま、男性からの贈り物にすがって生きている限り、女性は、その間じゅうずっと、男性が期待しているような形のお返しをしなければならないのだ。

これらすべての背景にあるのは、自分自身をビーズで飾り立てる女性の行為のもう一つの屈辱的な理由だ。女性の社会的地位は男性ほど高度に発達していない。生まれたときは常に男性と平等だが、女性の養育の条件は甚だしく不平等だ。男性への依存、限られた経験、原始的な衝動と貧弱な表現形式への容赦ない束縛といった女性を取り巻く状況のために、より高度な文化のなかで生きている男性が決別したにもかかわらず、一定の低い社会的発展の基準が女性のなかに残存し続けているとしても不思議ではない。

そのことを示す卑近な例に、あの切除による装飾の最後の遺物としての穴をあけた耳がある。先住民は、耳や喉《のど》袋《ぶくろ》に切り込みを入れたり、角を折ったりねじったりして、家畜を飾り立て、皮膚に刺青《タトゥー》を入れたり、耳、唇、鼻などの都合のいい部分に穴を開けたりして、自分自身を飾り立てる。

刺青は未だに少年たちや下層階級の男たちには魅力的であり、シチリア島の船乗りたちは未だにイヤリングをつけている。しかし、教養のあるアメリカ人男性は、装飾的な目的のために身体の組織に穴をあけることを嫌悪する。確かに、今日では、耳朶《みみたぶ》を貫通しないイヤリングという形の譲歩がなされているが、それはあくまでも見せかけであって、現代の男性はそのような見せかけさえも軽蔑する。現代の急速な発展を遂げている女性たちは、他の分野と同様に、この成長の分野にも注意を払ってしかるべき時期が訪れている。男性が口にするある種の熱烈な賞賛の言葉は、それを聞く女性の耳には甘美で刺激的であるとしても、賞賛している相手の女性の幼児性や単純な野蛮性に対する言葉にされていない侮辱と全然矛盾しないということを、女性たちは理解していないようだ。

この野蛮性、この身体そのものを装飾の媒体に利用する野蛮性は、かつて古代ブリトン人や裸体のアメリカ先住民やアフリカ人の間で見られた、あの未だに女性に引き継がれている風習――肌を塗るという風習に示されている。青い刺青を施した古代ブリトン人はとっくの昔に姿を消し、先住民も大半が文明化されているが、女性は、最も進んだ諸民族のなかでさえも、未だにこの初期の芸術にこだわり続け、肌を塗っているのだ。

女性が美を褒めたたえるのも正しいし、憧れを抱くのも正しいし、より高い美の基準に追いつこうとして、あらゆる正当な手段を講じるのも正しい。だが、髪の毛の脱色や染色をしたり、眉墨で眉を引いたり、鉤爪みたいな爪に色をつけたり、肌に白粉や口紅を塗ったりするのは、下劣なまでに原始的な手法の名残りに他ならないので、女性はそれをすることを許すみずからの趣味を恥ずかしく思うべきなのだ。

男性が化粧をした女性を褒めそやすのは、男性を喜ばせたいという気持ちが露骨に表れているからだと言われているが、それが露骨になればなるほど、それはますます過激で淫らになり、その魅力は男性の虚栄心をさらに一層満たすことになるとも言われている。

女性たちはこの問題に頭を働かせてこなかった。女性たちのなかには社会的進化の一段階に達していて、パウダーパフは幼児用バスケットに、メイクボックスは職業上それを必要としている女優に任せている者たちがいる。化粧品が堕落行為を意味しているかのように「化粧をした女性」からしり込みをしかねない女性たちさえもいる。そのような意味は化粧品にはない。それは低度な文化水準を意味しているにすぎないのだ。

美しくなるという目的のために、みずからの哀れな身体を頭から踵まで苦痛に耐えながら苦心惨憺して傷つけた先住民たちには、到達すべき肉体美の真の基準が存在しなかった。同様にして、極まりなく精巧で高価な「新作衣装」を身にまとい、ビーズやチェーンやきらきら光る宝石をぶら下げ、白いパウダーやピンクの口紅でメイクをするなどして、美を手に入れるために最大限の努力をしている現代の女性たちは、みずからの肉体的欠陥をまったく意識していないか、気にかけずに平然としているのだ。

欠陥をカバーするための美しい品々を手に入れるために費やされた努力の半分でも、カバーすべき美しい身体の開発に傾注されたら、人類はもっと美しくなるだろう。

私たちの芸術的創造力が生み出すことのできる豊かさや繊細さや優美さ、あらゆる美しい織物、ローブやフロックの多彩な魅力が出現する余地があるし、さらに私たちが頻繁に目にする野蛮な俗悪という芸術的な罪の一つを犯していない、最高に精巧で、最高に華麗な装飾が出現する余地もあるのだ。

高度に洗練された鑑識眼は、極薄地の柔らかいモスリンから極厚地の重たい錦織に至る織物、あらゆる種類の真正な装飾やアクセサリーにおける様々な形の美の一つを軽視することはない。この鑑識眼はあらゆる「モチーフ」を認め、宝石職人やレース職人の技術を賞賛し、華麗さや多様さを喜びはするが、場違いな性的装飾や永遠の幼児性や何千年も以前に脱却すべきであったがさつな野蛮性は喜ばないのだ。

女性の衣服におけるこの最も嘆かわしい特徴を示すもう一つの実例として、毛皮と羽毛というあの二つの原始的な素材の、女性によるおぞましい利用法を無視することはできない。

毛皮と羽毛の絶妙な美しさに、その暖かさという価値が加わり、鳥の外側を覆う部分の軽さということもあって、便利で愛らしい素材としての両者が人気を博しているのは当然のことだ。しかし、女性が毛皮と羽毛を装飾として使用する方法は、有益でもなければ美しくもなくて、まさに正反対だ。

もっと軽いウールの衣服で十分用が足りる場所で、毛皮の衣服が必要かどうかという問題はひとまず置き、それにまつわる倫理的、経済的な問題にもまだ触れないまま、ここで強く注意を促したいのは装飾性の問題に他ならない。

ある女性は——私たちの人種、私たちの宗教、私たちの水準の大学教育、私たちの最高の文化に属する女性だが——剝製の小鳥を帽子に留めることを美しいと思っているが、そのような女性は他にも数多くいるのだ。隣保事業《セツルメント》[15]に興味を持っている魅力的な女性が、何羽かのハチドリの強直した小さな死骸をしっかり並べて作った冠《リース》で「飾り立てた」帽子をかぶっているのを私は見たことがある。二、三日後に、私がすれ違ったシンプルな黒い帽子の正面には一羽の平べったいハトの死骸が、後ろにもう一羽の死骸が取り付けてあったのだ。

これは鳥毛を使うのとはほんの僅かなようで実は大きな違いがある。鳥毛を使うのは羽毛の色や曲線や優美な柔らかさを強調するためであって、それは硬直した死骸の輪郭とは雲泥の差があるのだ。ダチョウの羽毛は美しい。死んで、干からびて、平べったくなったダチョウの亡骸は美しくない。これは鳥類全体に言えることだ。鳥類の美しさは生き生きとした、素早くて、軽やかな動きのなかにあるのであって、哀れな亡骸はアヤメの花のような装飾的な「モチーフ」ではない。さらに、そのように死骸を使うことは、一瞬のうちに見る人の脳裏に苦痛に満ちた死のイメージを浮かび上がらせる。そのイメージは羽毛から呼び起こされる。それは亡骸によって否応なしに私たちに押し付けられるのだ。

鳥の死骸を載せた帽子

女性は羽毛だけでなく、毛皮によっても人の心を傷つける。少女の甘い顔のすぐそばで、ギラギラした目の、白い歯をした真っ赤な口の野獣が肩越しに、にやっと笑っている。それはもちろん人工的に作られた野獣だ。それは装飾品として意図的に作られ、売られ、身に着けられる。そのような装飾品だとしても、それが大型の野獣であれば、結構恐ろしい。小型の野獣であっても（このように使われる動物は小型なのだが）その事実は無力な小動物たちの大量殺戮と、その小動物たちの痛みに対する冷酷非情な無関心を暗示しているにすぎない。その動物たちの硬直して無力な小さな足は片側に垂れ下がり、にやっと笑っている小さな頭部やぐんなりと揺れる尻尾といった、この薄気味悪い衣装のすべては、装飾品として身に着けられているのだ。

ボルネオ島の首狩り族は、犠牲者たちの乾燥した頭蓋骨を家に飾っている。古代の南アメリカの人たちは、頭蓋骨を取り除いた後の黒く縮んだ頭皮を保存していた。だが、この人たちは死体を装飾品に仕立てたのではないのだ。

第八章

人道的考察と経済的考察

Humanitarian and Economic Considerations

毛皮と羽毛を女性の衣服とその装飾のために使うという話題は、苦痛と金銭的損失という問題を否応なしに思い出させる。

本書の著者は苦痛についても殺生についても過度に感傷的な人間ではない。イヌイットにとって、動物を殺すことは、何とか生きていくために必要不可欠だ。他に食べるものが何もないからだ。また、イヌイットが動物の皮をまとうことも必要不可欠だ。他に着るものが何もないからだ。しかし、温暖な気候のなかで暮らしていて、数ブロック以上歩く必要もなく、裕福な身分であるとすれば、好きな天気の日を選んで外出することができる、ニューヨーク在住の小太りの女性——このような女性が毛皮をまとうことは、純粋に個人的な虚栄心とファッションの問題に他ならない。

毛皮をまとう行為が粗野な性格で無知な女性たちや、自分の目で見ることができない動物の苦しみを理解できないほど浅薄な女性たちや、その苦しみを気に留めないほど冷酷な女性たちによってなされるということは驚くに当たらない。驚くべきは、繊細で上品で知的な女性たちが、罪もない動物たちに加えられている、いつまでも長引く、残酷この上ない拷問の手助けをする従犯者に、自分から進んでなろうとしている姿が目に留まることなのだ。

この女性たちには想像力がないのだろうか？　みずからの虚栄心を満たしてくれる一着の衣服を提供するために引き起こされる悲劇を、心に思い描くことを意図的に避けているのだろうか？　まさに悲劇だ！　殺されるのが小獣類の場合、悲劇は一二回、二〇回、いや百回と繰り返される。一匹の動物が狙いすました銃で一撃のもとに殺されるのは、大きな悪ではない。死の恐怖と苦痛を感じる時間がないからだ。しかし、鉄鋼で作られた罠に捕らえられた動物は、命が持ちこたえる限りはずっと、肉体的苦痛と目に見えない底無しの恐怖の極みを味わうのだ。動物を殺す行為が擁護されるのは、人命が危機に瀕していて、それを救う手段が他にないときだけだ。動物の殺戮は、たいていの場合、女性たちに毛皮を提供するために行われる。

毛皮の帽子と襟巻き

毛皮が必要とされる気候帯では、男性も毛皮をまとう。私たちの気候帯では、女性は男性よりもずっと薄い衣服を身に着けることによって、寒さに無関心であることを示していながら、むき出しの肩をアザラシとオコジョの毛皮の外衣《アウターウェア》で隠すことによって、内なる不足感を満たしている。女性は虚栄心とファッションのために薄地のドレスを身に着け、首や腕を露わにする。女性が自分の肌を露出しても、誰かを傷つけたりはしないが、その肌を隠すために、何種類もの獣類の毛皮を必要としたりすると、獣類をはなはだしく傷つけ、年々数え切れない苦痛と死という犠牲を強いることになる。

ファッションがもたらす重圧については、本書ではまだ議論していないが、それにまつわる残忍性と浪費を先に取り上げておこう。

北方の森林を歩いているときに、ぴんと張った鎖の端を血まみれの脚でぐいぐい引っぱりながら、狂ったように怯えた目でじっと見つめている罠にかかったミンク、死んでしまうまで、ぐったりとなって、骨は外れ、凍えと飢えと痛みに耐えながら、一本の足で宙づりになっているウサギ、もしくは最悪の場合、硬く踏み固められた雪、不気味な仕掛け罠、その罠に残る小さな足の血まみれの切れ端（罠にかかった動物が苦し紛れに食いちぎったのだ）などに出くわして、無関心でいられる女性はまずいないだろう。だが、このような事柄は北方の土地のいたるところで、絶え間なく起こっている。数知れぬ男たちの群れが極寒の原野をどた靴で歩き回っては、動物を罠にかけて捕まえ、殺せ、殺せ、殺せ、と言わんばかりに、殺戮を果てしなく繰り返す――すべては女性たちが必要でもない毛皮を身に着けられるようにするためだ。

私たちは毛皮よりも羽毛をめぐる悩みを耳にすることが多い。おそらく羽毛が毛皮よりもずっと必要でないからだろう。女性は毛皮を「必要としている」ことを自分に言い聞かせることはあっても、羽毛の必要性を主張することはほとんどできない。

毛皮と羽毛のどちらにもたくさんの苦痛がある。鳥類の場合には罠にかかって、いつまでも長引く拷問を動物と同じ程度に味わうことはないが、傷つき、逃れて、独りで死ぬ鳥類の数はもう少し多いかもしれない。親のいない子どもたちの飢死は、目が見えない小ネコや小イヌや巣立ちしたばかりの雛鳥のどれにも起こる。それは十分におぞましいことだ。

残念至極なのは、こうした事態が私たち女性によって引き起こされていることだ。鞭打たれるウマ、石を投げつけられるネコ、例の非情なバネ式のネズミ捕り器にかかって、こちらをじっと見つめているあわれなネズミを見ただけで嘆き悲しむ心優しい母親や涙もろい若い娘のような繊細な心の持ち主たち。この苦痛が引き起こされるのは、女性のためなのだが、女性の必要のためではなく、女性の快楽だけのためなのだ。

人間の歯で作ったネックレスを身につけている先住民は、この奪われた歯の元の持ち主の生前の顔や、笑っている口元のことを考えて、不快感をもよおすことはない。ネックレスの歯はぴかぴか光る白い物であって、先住民はその光る様子が気に入っている――それ以上何を望むというのか？　私たちが獣類の毛皮を身にまといながら、その毛皮が引き剝がれた小さな動物の体に思いを巡らすことがないのは、私たちの教育に何か重大な欠陥があり、私たちの心に「盲点」があるからだ。

これを機に、知性のあるすべての女性が「私は私の体を死の記念物で飾らない。絶対的な必要に迫られたときは、毛皮を使うが、それは装飾のためではない」と決意表明をするのは、理に適ってはいないだろうか？　だが、それは確かに理に適っているが、だからと言って、その決意が実現するとは限らないのだ。

人類はいわゆる「人道的な」動機を感じることができると思われているという理由で、その動機への訴えがなされているのだが、その訴えの向こうには、経済的な動機が存在していて、この経済的な動機を把握できるほど賢明なのは人類だけである（極めて少数の人間だけだが）という理由で、この動機もまた同じように「人道的」なのだ。

毛皮を持った動物の場合、その活動が人間にとって不利益になる動物たちもいないわけではないので、その動物たちを私たちは自己防衛のために殺処分する必要に迫られる。オーストラリアでは、人間の最大の害獣はウサギだ。だが、きっかけを作ったのがウサギでないことだけは、ウサギの弁護のために言っておこう。人間の誰かがウサギをそこに連れてきたのだ。誰かが恐るべきマイマイガをこの国に連れてきたのと同じように。だが、このウサギが身近な植物を食い尽くして、人間の生活に絶対的な危害を及ぼすまでに増殖したのだった。世界中の罠猟師たちが一時的にオーストラリアに集結して、ウサギを根絶することになれば、それは人類に実質的な貢献をすることになるだけでなく、女性たちも非難されることなくウサギの毛皮で身を包むことになるだろう。ウサギの毛皮は温かくて柔らかいが、アザラシやカワウソほど「映りがよく」ない可能性は非常に高いし、それほどファッショナブルでないことは絶対に確実だ。

ヴェブレンの有名な「衒示的浪費」の法則[1]によると、身近に数多くいる獣類よりも希少で入手困難な獣類が私たちの目には高価値に見える。だが、これまでと同じように、私たちはこれについても論理的に考えることはしない。もしロシアンセーブル（シベリア産のクロテン）がウサギと同じようにありふれた動物だったら、美しい毛皮と見なされることはないだろう、と思うだけだ。

しかし、私たちが殺さなければならない動物をすべて処分し、その動物の毛皮を恐らく有効利用して、それを必要としている人たちにまとわせた後でもなお、殺す必要のない動物を殺すことに時間を費やしている人間は、一人残らず浪費された人間だ。

人間の労働は、人類への貢献のゆえに価値がある。その貢献から逸脱して、価値のないもの——用途においてであれ、美においてであれ——に費やされた人間の労働は浪費にすぎない。その意味で経済的浪費に対する女性の衣服の責任は大きい。

この時点では、不必要な毛皮や羽毛に関する浪費の一部に言及するだけにして、後者に関連する非常に大きな別の浪費に話題を移すことにする。私が以前に書いた「鳥と虫と女性たち」と題する一文[2]で簡潔に述べているように、「現今では人類の最大の敵は虫だ。虫の最大の敵は鳥だ。鳥の最大の敵は女性だ。にもかかわらず、女性は鳥を愛し、虫を嫌っている」。

愛憎の念とは関係なく、また苦痛や恐怖や殺戮とも関係なく、ここで真剣に力説したいのは、鳥類の絶滅が否応なしに引き起こす人類の繁栄への深刻な経済的打撃という問題だ。

農業は常に地上における私たちの生活を支える柱であり、柱でなければならないのだ。私たちの人口が増大するにつれて、私たちはますます農業に頼って生きていくことになるだろう。私たちはもはや牧草を食肉に変えるための広大な土地を用意する余裕がなくなって、その土地で増え続ける人口を植物性食品で支えることになるに違いないからだ。

私たちは灌漑や乾地農業で旱魃《かんばつ》に対抗しているが、その旱魃とは別に、農業や園芸は虫害で大きな打撃を受けている。この微小な生命体は昨今ではライオンやオオカミやトラよりも私たちにとって危険な存在だ。私たちの主要な財産である食料供給を潰してしまうからだ。

私たちの「生存競争」において、この虫という敵は現代では群を抜いて最強の敵だが、私たちを助けてくれる筆頭格の味方は鳥類なのだ。真に知的な共同体においては、肥沃な土地に樹木が散在しているのは、果実や日陰や美観のためだけでなく、鳥類——畑や果樹園に害虫を寄せ付けないようにするのに十分な数の鳥類に棲家を提供するためでもあるのだ。

農家の子どもたちは鳥類の「貢献」を理解し、感謝して育つべきで、この鳥類と友だちになれば、植物の世話をするための鋤や馬鍬や耕運機や鍬の後ろで害虫駆除係の鳥類が跳ね踊ることだろう。これは甘い感傷ではない。これは認識《センス》だ。正しく確かな経済認識《エコノミックセンス》だ。労力を省き、収穫量を増やし、この国を緑陰でさらに美化し、歌声でさらに音楽的にすること――これは間違いなく知的であるのだ。

それなのに、私たちは一体何をしているのか?

私たちはただ何百万羽の鳥類をひたすら殺し、殺し、殺し続けている。

何のためなのか?

女性用の帽子をかぶるためだ。そして、女性が首に巻く巨大な毛虫のような装飾品を作るためだ。

一体なぜこのようなことをするのか――女性たちは?

ああ! 一体なぜだろうか?

衣服に関する限り、女性たちは未だにみずからの知性を働かせていないからだ。女性たちは真の美について無知であり、みずからの要求が引き起こす苦痛について無知であり、その要求を満たすことに伴う浪費について無知であり、こうした考察のすべてに対して無関心であるのだ。

＊　＊　＊　＊

この主張を明確に裏づけるための数字を示すことは不可能だ。全米オーデュボン協会[3]は、鳥類の経済的価値と死滅させられた鳥類の数について多くの裏づけ情報を提供している。鳥類と獣類の数を足し合わせ、関係者たちの時間と労働の価値、それに農作物が蒙った被害などを加えると、年間数百万ドルに達するだろう。

しかし、被害の正確な総額は不明のままでも、それを女性たちに割り当てる努力がなされなくても、問題のありかは明確ではないだろうか？

羽毛を身に着けるために鳥類を殺すことは、（a）不必要で、（b）残酷で、（c）時間と労力の浪費で、（d）農作物への被害だ。考えることができる女性なら、このことを否定できないはずだ。では、なぜ鳥類殺しに加担するのか？

もちろん、女性個人の帽子の羽飾りのために、猟師一人の丸一日分の仕事、その後それに関わったすべての人々の労力、さらに五〇セントに相当するキャベツやトウモロコシの損失を必要としたことを、女性は知らなくてもいい。その羽の生えた平べったい亡骸に対して支払った五ドルが先細りしながら、それを手に入れてくれた人々の報酬となっていく様子や、何の報酬もないまま損失に耐えている農民の様子を、女性は知る必要はないのだ。

人間の知性にとって必要なすべては、帽子の飾りに鳥類の羽毛を利用する慣行が、社会に対する違法行為であるという事実を理解することだ。それで十分でなければならない。

どのような権利があって、人間の労働を浪費し、貧困を悪化させる行為を私たちは執拗に続けているのか？　ある行為が社会に対する違法行為であることが明確に示されれば、それを執拗に続ける人々は、その限りにおいて、社会の敵であるということを明確に指摘されねばならない。無知という言い訳はもはや通用しない——このような事実は現今では広く知られているのだから。

しかし、女性の社会的良心は、女性の市民権がもっと完全に認められた暁には強烈になるだろうが、いまは未だそれほど強烈ではない。男性の監督の下に置かれているだけでなく、社会的に孤立している被支配階級の女性たちに、共同責任の観念を目覚めさせるのは困難だ。

私たちは女性の個人的な孤立、独立した家屋での厳しい監禁状態、一人の男性と一つの家族に対する厳酷な責任、市民としての関係性の完全な欠如が世間の良心を弱めてきたということを未だ理解していない。

男性は、広範囲に及ぶ義務のなかで、様々な関係における責任を担わなければならなかった。女性は、男性と子どもたちに対する義務を果たしさえすれば、その他の義務はすべて無視することができた。だが、男性は女性の子どもであり、女性に育てられる。女性の制約は常に男性を制約する。

これまでの女性の全歴史におけるそうした根本的な制約を理解することによって、私たちは個人的な装飾の問題における女性の浪費と冷酷な残忍性のパラドックスを何らかの形で初めて評価することができるのだ。

大きな社会的関心事の考察にはまったく不慣れだったり、大人数のなかで考えることや連帯責任を認めることをまったく教えられなかったり、最初は美しさを、やがては従順さを褒められたりしてきたために、女性は世話をしてくれた人たちを喜ばせる必要性を尺度にして、自分の人生を評価してきた。女性は両親の家から夫の家に移ったまま、自分の足で自由に立ち上がることは絶対になく、自分の手腕を信頼することもなかった。そして、女性の時間の大半は、家族のための個人的な責務が詰めこまれ過ぎていたために、世間一般に対する責務について考えたりする余裕はなかったのだ。

女の子はもちろん装飾の伝統を母親から引き継ぎ、自分の着るものを選択したり、指図したりする立場にはない。若い女性は人を喜ばせたり、注意を惹きつけたり、嘆賞を博したりするという唯一の絶対的な必要性に迫られている。既婚の女性はたいていの場合、酷使される主婦か、全身を着飾ることが一生の仕事《ライフワーク》という例の観賞用の愛玩動物のどちらかになっているのだ。

いかなる年齢の女性であれ、ふさわしい服装とは何かという問題を慎重に検討し、何を着て、何を着ないかを自分の判断で決めたことがある女性に出会うのは、本当にめったにないことだ。

しかし、女性の良心や知性がいったん目覚めると、責任を逃れることができなくなる。自分が着る衣服の代金を自分で払わないとしても、それを選ぶことは確かだ。その衣服をデザインしたり、制作したり、販売したりしないとしても、それを購入することは確かだ。女性は最終の消費者だ。いくら先祖を責めても、以前の状態のプレッシャーのせいにしても、現今の女性は責任から解放されることはない。

ある機知に富んだ女性が、帽子に鳥類の羽毛を付けているのを非難されたとき、「鳥だって平気で殺すわ、ペーパーフラワーを作っている子どもを殺すのと同じくらい平気で」と反論していた。この子どもたちに対しても私たちは責任を負っている。人間生活は解きほぐし難いまでに絡み合っているので、私たちは誰も社会一般の善や悪における私たちの役割から逃れることができない。タバコを吸う男性たちは、あの労働の浪費、土地の浪費、人生の浪費のすべてに対して、さらには、たまたま落とした何百万本ものマッチが引き起した火災による無数の損失に対しても、責任があるのだ。

私たちは理性のある動物だ。

私たちは、かなりの程度まで、自由な行動者だ。

この生きとし生けるものの苦痛と殺戮、この人類に対する深刻な違法行為をもたらすことを女性に強要するいかなる自然法も民事法も道徳律も存在しない。これらの大いなる浪費と損失に対して、「凡百の説明はあっても、たった一つの言い訳もないのだ」(4)。

＊　＊　＊　＊　＊

女性の衣服の研究が提起したより大きな経済問題を検討する前に、すでにこれまでに触れたいくつかの問題点にもっと注意を払っておかねばならない。手掛けられる仕事の目的が何であれ、「雇用を提供する」ことに経済的利点が存在する、という誤った理論がその一つだ。

この女性のための必要とされない毛皮という問題において、何千、何百という男性たちの時間と労力が動物を殺して、皮を剝ぎ、それを鞣《なめ》して、縫製し、さらに、その皮を（必要とされることのない衣服として）保管したり販売したりするという作業に費やされているが、それをしているのは生産工業から引き抜かれた男性たちだ。この男性たちは着火のために使うペーパーフラワーを作っていたほうがいいかもしれない。仕事に対して報酬が支払われているという事実があるからといって、それが価値のある仕事になるわけではないのだ。

私たちは千人の男性たちに金を払って、ぐるぐる回りながら走ってもらい、男性たちに「雇用を提供した」と言う。これは誤った考えだ。私たちが提供しているのは激しい運動であって、雇用ではない。私たちが男性たちに金を与えていることは確かだが、男性たちは何も与えていない。男性たちのエネルギーが浪費しただけだ。この「雇用の提供」に関する深く根を下ろし、広く信じられている謬見のせいで、私たちは多大な時間の残酷な浪費に気づかないのだ。

現実の物の価値はそれ自体に、その有用性に存在する。ある物が現実的な有用性も現実的な美しさもなく、人類への貢献もないなら、いくら代金が請求され、それが支払われたとしても、その物には価値がないのだ。

もし地球上のすべての人々がペーパーフラワーを黒い紙で作ることに時間を割いたとすれば、私たちの仕事のすべては浪費となるだろう。地球上の半分の人々が同じことをしたとすれば、私たちの仕事の半分は浪費となるだろう。百万の人々だけが同じことをしたとすれば、百万の人々の仕事が浪費となるだろう――黒い紙でできたペーパーフラワーに対する代金が奇人や変人によって支払われたとしても。

牛舎の上の仕事部屋で、ほんの少し暖を取りながら――人工熱は製品を傷つけるので――半ばかじかんだ指で繊細なシルクレースを縫う作業をしている女性たちがいるという話を聞いたことがある。繊細なレース細工や刺繍で目が疲れ切ってしまう女性たちもいる。これは経済的浪費、女性たちの人生とエネルギーの浪費だ。そのような装飾はコストがかかりすぎるが、女性たちの人生や視力を買いもどすことができるほど裕福な誰かが、そのレースや刺繍を装飾品として身に着けているという事実は、その作業を人間的な行為にしていない。浪費以外の何物でもないのだ。

いかなる生命体においても、自然の理法は最小抵抗線に沿って、つまり最も容易な方法に従って着実に働き、最小のエネルギー浪費に対して最大の結果を常に求めている。社会生活においても、同じ努力がなされるべきであり、自然の摂理に対する私たちの思考の異常な干渉がなければ、同じ努力がなされることだろう。

私たちに支払い能力があることを衒示するために（ヴェブレンの著書『有閑階級の理論』で言明されているこの傾向にふたたび言及するならば）、私たちは熟練者による入念な手仕事を何日間も必要とすることが歴然としている衣服のほうを、遙かに短時間に、遙かに少ない労力で作られた衣服よりも、偏愛する。思い切りたくさんの労力が注入されていることを、私たちの衣服で見せびらかせたいからだ。

衣服に注意を払う男性たちは、素材を注意深く選び、デザイナーや裁断師や仕上げ工の技能を高く評価する。これはすべて道理に適っている。同様にして、女性たちもまた適切な生地、有能なデザイナー、熟練の裁断師と仕上げ工を選んで、満足感を味わって然るべきだろう。

ところが、女性たちはそれだけでは満足しないのだ。女性たちは長い時間をかけた懸命の努力によって達成された繊細美の極致を指摘することを喜び、二人の女性たちが一日で作った衣服よりも、六人の女性たちの一週間分の作業を必要とした衣服を楽しむのだ。

このすべてを正当化するために、女性たちが根拠にしているのは、働き手たちの仕事に対する賃金が支払われているという事実、つまり、その衣服の買い手は働き手たちに「雇用を提供した」という事実だ。だが、衣服の作り手たちのパトロンであるのと同じ女性たちが芸術のパトロンでもある場合には、つまり、絵画の価値について何らかの知識を持ち合わせている場合には、細部にこだわる余り、キャンバスの前でいつまでもだらだらと時間を潰している画家のたゆまぬ努力を非難し、何をしたいかを知り尽くしていて、それをひと筆でやってのける画家の技術の高い完成度を激賞することくらいは十分に心得ているのだ。

こうした経済価値の問題は私たちを混乱させる。その問題が大きな数字を扱っていることが主な理由だが、すでに私たちの心のなかにある様々な重大な誤解のせいでもあることは言うまでもない。小さな数字と限られた空間を扱う簡単な問題で最初からやり直せば、それほど難しいことではない。

たとえば、一人の人間が離島で死ぬまで暮らしていると仮定しよう。この人間の経済的利点は、間違いなく、この島から最小限の労力で最大限の富を生み出すことにある。あるいは百人の人々のグループが、百平方マイルの土地に閉じ込められ、他の人類とのすべての関係を断ち切られたと仮定しよう。この人々の経済的利点は、子どもにも明らかなように、その土地から最小限の労力で最大限の富を生み出すことにある——その富とは食物、衣服、住居、家具、ありとあらゆる種類の役に立つ美しい物だ。

ある一人の人物が、何か謎めいた方法で、他のすべての人々に対する支配力を手に入れて、その人たちを働かせると仮定しよう。それは奴隷制による支配力か、人々が依存しているすべての必需品、もしくはそれと同じ価値の貨幣を手中に収めることによる支配力のいずれかだ。

さて、その支配力を使って、この人物が他の人々の活動を促進させた結果、人々が怪我なく、もっとたくさんの、もっと立派で、もっと美しい物を作り出せるようになり、この集団がもっと豊かになったと仮定しよう。働き手たちの生活必需品以外のすべての物が権力者によって差し押さえられていたとしても、富の総計はやはり増大しているだろう。

しかし、この人物がシャボン玉の愛好家で、半数の働き手たちにシャボン玉を——食物や衣服などの代わりに——せっせと作らせたとしたら、この集団の富は半減するだろう。さて、その成り行きにご注目を！　権力者はシャボン玉を作ったことに対して公正かつ完全に支払うかもしれないが、残りの半分の働き手たちが稼いだ分で支払うしかないだろう。この国の「実物財」は減少するだろう。人々は貨幣を持っていても、半分しか買うことができず、シャボン玉のせいで、生活費は激しく高騰するだろう。

シャボン玉を作るために雇われた人々の数が多ければ多いほど、集団の富は減少するだろうし、すべての生活必需品の値段が高くなるだろう。

しかし、権力者は大空に浮かんだり、草むらの上を転がったり、いたる所で光ったり跳ねたりしている、この虹色のシャボン玉の雲で、上品な美的趣味を満足させ、毎週土曜日の夜に、給料袋を手渡しているが、シャボン玉は美しく、その代金はきちんと支払った——人口の半分に「雇用を提供した」ということを根拠にして、みずからの立場を完璧なまでに見事に守り抜くのだ。

さて、私たちの世界の全人口が衣服をきちんと身に着けたり、食事を与えられたり、住む家があったり、暖が取れたり、教育を受けたり、その他いろいろなことができているなら、人間が本当に必要とするものがすべて満たされ、レジャーのための時間がたっぷり残されているなら、ガウンをランジェリーみたいにするという純粋な楽しみのために、ファンタスティックで贅沢な刺繍を施す人たちがいるとしても、それは損失などではないだろう。衣服を格段に美しくする余地はいくらもあるからだ——すでに衣服をたっぷり所有している人の場合だとしても。しかし、衣服だけに費やす所持金が千ドルもあり、その二倍の所持金を装飾品に費やすことができる女性と、体を暖かく清潔にしておくだけがやっとの持ち合わせすらない女性とのコントラスト——この現代的なコントラストは、人道主義と経済のいずれかが、あるいはその両方が非常に低い状態にあることを物語っている。

何世紀もかけて作られてきたこの格差を、私たちがわずか一世代の間に解消することはできない。私たちは物乞いに外套を施すことはできないし、物乞いを一瞬のうちに排除することもできない。しかし、私たちは私たちの問題を世界の問題に結びつけて、関連する様々な原理を理解し始めることはできるのだ。

人間は、男性であれ女性であれ、鳥類や獣類や人間に要らざる苦痛や損害をもたらすことのない衣服、最小の経費で最大の効果というあの不変の評価が経済的利点となっている衣服を着るように努めるべきだ

異常に近視眼的でもない誰かがこんな質問をするかもしれない。「しかし、この連中が鳥類や獣類を利用目的で殺さなくなると、失業してしまう。何をすればいいのか？　飢死してしまうぞ」と。その人たちは飢死したりはしない。人は飢えることはない。その商品としての毛皮のマーケットが消え失せたことに気づいたら、他の仕事に注意を向けることになるだけだろう。いや、向けなければならないのだ。

ファッションが変わるたびに「失職してしまう」人たちがいる。アイリッシュレース(5)が「はやり出す」と、ヴァランシエンヌレース(6)の作り手たちが損害を受ける。ビーズが「廃れる」と、ガラス工場に暗雲が漂う。事実、季節的需要を満たすことだけにかまけていると、毎年、数知れない人々が「失職してしまう」。罠猟師に対する同情心をにわかに呼び起こす必要はない。もっといい仕事が見つかるまで、罠猟で何とか食べていけるのだから。

年間需要から毛皮と羽毛が消えてしまうと、女性の衣服の必要経費が劇的に削減される。レースと宝石だけが、富を誇示するための衒示的手段として生き延びることになるのだ。

女性があれほどの大金を衣服に投じる理由は、つまり、本当の理由は一つもない。極端に金使いの荒い女性は別格として、この衣服のための全然必要でない出費のせいで、普通の女性の財布は空っぽになっているのだ。

三〇年ばかり前に、年間三百ドルあれば、一人の女性が上流社会にふさわしいドレスアップをすることができる、と推計されていた。これだけあれば、毎年、新しいイヴニングガウンを一着と新しいテーラードスーツを一着、準備することができただけでなく、この二着とも二番目によい服《セカンドベスト》として翌年も使いまわすことができたが、お好みに応じて品数を増やすこともできる。その結果はつぎのようになっていたかもしれない――

イヴニングドレス	七五ドル
イヴニングラップ[7]（一年につき）	一五ドル
手袋、扇子など	一五ドル
帽子	四〇ドル
テーラードスーツ	五〇ドル
靴	一五ドル
長靴下	六ドル
夏服	二〇ドル
ハンカチ	四ドル
コート（一年につき）	一五ドル
ブラウス、ネックウェアなど	三〇ドル
下着	一五ドル
合計	三〇〇ドル

その当時でも、この試算は滑稽なまでに低い、と正看護師たちのグループにからかわれたことを思い出す。しかし、糊のきいた制服をもっと豪華な夜会服に着替えることになる正看護師は、このリスト以上のものを必要としているということを、ほとんどの人は想像できないだろう。

もちろん、女性の衣服のための出費を批判するときに、私たちが心に留めておかねばならないのは、それは女性たちにとって単なる衣服でもなければ、単なる装飾でもなければ、抑制された自己表現のための単なる手段でもなくて、明確な戦略的価値を持っているということだ。それはしばしば生活費を稼ぐ手段でもある。衣服は、帽子でさえも、魅力の天秤を有利に傾けて、形勢を一変させ、生涯の扶養者《サポーター》の注意をひくことになるかもしれない。衣服という手段によって、安楽な生活が死ぬまで保証されるなら、どんなに豪華な衣装でも浪費と呼ぶことはできない。

イヴニングドレス

しかし、私たちは、これほどまでに率直に明言された価値と、その主目的が達成された後でさえも、女性を消費へと果てしなく駆り立てる、自認されることのない性癖との違いを見分けることができるし、見分けなければならないのだ。

第九章

さらに深い経済的考察

Larger Economic Considerations

男性は衣服に多額の投資をすることが可能だ。そうしている男性たちも一部にはいる。絹製の靴下や下着、あつらえで作った靴、ひいきにしている最高級のテーラー。すべては大量に購入され、絶えず変化に富んでいる。しかし、品目と品目、着替えと着替えを比べてみれば、女性は男性よりも多く支出し、男性が真似のできないほどの数の品物の果てしないリストを追加するのだ。

じょうずに手入れをすれば、女性が年間三百ドルから五百ドルで着飾ることは未だに可能であり、五〇ドルかそれ以下でそうしている何百万人もの女性については言うまでもないが、「上流社会」の女性には三千ドルから五千ドルはほんの僅かな小遣い程度であって、多くの女性はそれ以上に支出している。この広範囲にわたる実例の影響は、遠く広く社会のあらゆる階層に及び、知らぬ間に害を成すような圧力となって、あらゆる人々に性懲りもなく大金を衣服につぎ込ませている。

こうして私たちはあの**ファッション**と呼ばれる権力に一歩近づく。しかし、この権力の話題はできる限り先延ばししておいて、当面、私たちの衣服のスタイルがずっと同じままであると仮定するならば、衣服のおびただしい数と手の込んだ仕上げは経済的浪費の実例にすぎない、と私たちは思うだろう。

ジョージ・フォックス

もし中国人の場合のように、私たちが一つのずっと変わらない種類の衣服を持っていたとしたら、必要最低限の衣服を確保し、その結果生じたたっぷりの余剰分を多様な個人的趣味に充当することは簡単に可能になるだろう。衣服における最低限の必要性は、これまでの章で述べてきたいくつかの基本的な原理に基づいているが、私たちの身体は覆われ、保温され、飾られ、正当な象徴によって適切に表現されなければならない、という原理だ。そのために要求されるのは、しかじかのサイズや色や形や耐久性や装飾性を備えた衣服なのだ。

「これ以上は減らせない最小限」は、キリスト友会の創始者ジョージ・フォックス氏[1]の古典的な実践例に類似している。衣服の問題を頭から完全に排除することを願ったフォックス氏は、一着のレザースーツを個人的に注文して作らせると、それを身にまとって、誰にも邪魔されることなく瞑想にふけるため、森に隠遁したのだった。

そのような一着の永久的な衣服を指し示すようなことはしないまでも、必要かつ適切な類いの衣服が決まったら、それを手に入れるのに必要な金額を払い、その金額だけに被服費を限定することは、男性にとっても、女性にとっても、完全に可能なことなのだ。

経済的な必要性から、被服費に関する限り、これとまったく同じことをしている女性は、アメリカ各地にいくらもいる。しかし、そうしてはいても、この女性たちは不安や不満から解き放たれてはいない。着飾ることを人生の最大の仕事にしている女性たちの絶え間ない散財と誇示、このレベルの散財に迎合するすべての販売店、女性の衣服の何がすばらしいかという点に関して、男性と女性の間に深く根を下ろしている感情などのせいで、必要以上に金を使わせるか、それが無理な場合でさえも、そうしたいと思わせるような力が、すべての女性にずっと影響を及ぼしている。

その一般的な結果として、この本で指摘されているように、必要以上の人たちが繊維産業で働き、必要以上の人たちが衣服の制作と装飾の業界で働き、必要以上の人たちが衣服の流通と販売の業界で働き、消費者は金だけでなく、時間や思考や感情をも必要以上に費やしている。

このような超物質的な織物の進化は社会的プロセスであって、他の合理的な社会的プロセスの作用と同じように正常で快適であるべきだ。それに関連する美術と工芸は興味深く、適切に組織化されれば、害を及ぼすことはない。羊の毛を刈り、洗い、梳き、染め、紡ぎ、織り、裁ち、縫う――これは「危険な職業」ではないし、危険である必要もない。そして、もしこれらの作業がすべて正しくなされるなら、これらの職業に一定数の正規労働者を持つことになるだろうが、この労働者たちは全員が注意深く教育されていて、担当する仕事の目的と価値、個々の技術の全歴史と他の技術との関係を熟知しているのだ。

私たちはずっと以前に、人類に衣服を着せるためには、人間の労働の何割が必要であるかということを、人口に応じて、趣味や需要の変動幅を十二分に考慮したうえで、決めておくべきだった。すべての適正な社会機能には基準があり、病理的な肥大化や病気などの異常状態に陥る傾向といった、身体機能に見いだされるのとまったく同じ傾向が社会機能にも存在する。人体は毛髪を生やすために一定量のエネルギーを消費する。あまり多くのエネルギーが毛髪に費やされると、他に使用される分が減少する。五ヤードもの重い頭髪を生やした女性は変人であっても、美人ではないだろう。自分の足で踏みつけるほど長い頬髭を生やした男性は、その髭が長所でも装飾でもないことに気づくだろう。

社会が産出する衣服の量には適正な限度があるのだ。

たった独りで自力に頼るだけの一人の人間の仕事に限定した場合、衣服の制作にかける時間が多ければ多いほど、食と住とその他の利点を確保するのにかける時間は少なくなる。小さなグループ、たとえば同じような条件の二〇人のグループの場合、二人が食料を生産して、一人が食事を準備して配り、四人が洗濯やすべての掃除をやり、四人が住居を建てて家具を作り、他の四人は食卓用皿類や台所用品や道具の類いをすべて作り、残りの四人が衣服や他のすべての種類の仕事を担当する。こうして全員が短い労働時間を楽しく過ごし、社会において同じ価値と名誉を享受することになる。

私たちの現在の工場と労働の組織では、一人の男性の年間労働で何千人分もの衣服を作ることができる。私たちの機械と応用力学の大きな進歩は労働者数と労働時間を削減したというか、削減するべきだった。削減することがなかったのは、複数の経済的な間違いのせいだが、その間違いのなかでも、この単純な事実、もし私たちが必要としているよりも二倍の衣服を着れば、その衣服を作る人たちは二倍長く働かなければならないという事実から逃れることができない。一人の労働に関わることであれ、百万人に関わることであれ、浪費は浪費だ。その労働に労賃が払われているかいないかに関わりなく、浪費は浪費だ。これこそが私たちの理解しなければならない点なのだ。

ある個人の自己供給的労働の事例における単純な事実を考えてみよう。最小抵抗線、つまり最も容易な方法という自然の手引きに従っている個人だ。この個人にとって、働くことは、言い換えれば、自分の能力を酷使して枯渇させるのではなく、その能力を活かして発展させるのに十分な量のエネルギーを費やすことであって、それはよいことだ。この個人にとって、自分のエネルギーをより高い発展の線に沿って傾注するために、自分のより原始的な必要を簡単かつ迅速に満たすことはよいことだ。

原始時代がそうだったように、種族のすべての時間とエネルギーが食料と住居を獲得するための努力に費やされるなら、それ以上の発展をすることはできない。家畜の飼育が狩猟よりも社会的利点がある理由は、それが狩猟よりも少ない努力で多くの食料を提供する──人間には考える時間が生まれるということだ。農業が畜産よりも大きな利点があり、私たちの高度成長のすべての基礎になったのは、潤沢な供給によって、少数の人々の労働が多数の人々を養うことができたからであり、その結果、他の人々が他の仕事をすることができたからだった。これによってのみ、私たちは多種多様な芸術、技術、業種、職業を発達させることが可能になったのだ。

最高の社会的特性を発達させるためには、私たちにある程度の自由時間がなければならない。この社会的利益を求めて、個人はばらばらな努力を重ねたり、階級としては、それを限界内において確立したりして、これまでの私たちはたどたどしい足取りで、不確かな進歩を遂げてきた。しかし、とどめようもない民主主義の進歩は、「多数派支配」が行われている「同志としての市民たち」の間で、その多数派の水準を高める必要があることを絶えず明らかにしている。

独裁政治、寡頭政治、貴族政治、聖職政治は、過労や低賃金で苦しむ無知な「人民」という下層階級の上に成り立っているかもしれない。しかし、その最も広い意味において、すべての人々の完全な覚醒と相互関係、理性的な生活への社会の覚醒を意味する民主政治――この民主政治があらゆる人間に要求するのは、知性、教育、礼節、道徳であって、それ以外の何物でもない。

アメリカにいる私たちは、このことを漠然と認識していて、すべての人に無償教育を提供したり、無料の図書館や博物館、その他の教育資源を用意したりしようとしてきた。しかし、労働者が自分の性分に合わない、機械的で、過度に専門化された、関連のない仕事で、一日一〇時間から一二時間も働いている人たちが、知的になることも、教育を受けることも、礼節を知ることもできないということを、私たちはまだ理解していない。市民の一人一人が完全な自己啓発の機会に恵まれるまで、私たちの民主主義は二流であり、二流でしかあり得ないのだ。

もしアメリカ国民のすべてが現時点で私たちが甘んじている最下位レベルのままだったら、国家としての地位が保てないということを直ちに見抜くことが私たちにはできないのだろうか？　さらに、賢明で、発育良好で、十分な教育を受け、健康で、幸福な人々の比率が高くなるにつれて、諸国の間での私たちの国の地位も高くなるということを見抜くことが私たちにはできないのだろうか？　仕事で呆け、仕事で疲れ、仕事で苛立っている国民の一人一人によって、私たちと私たちの国が低められ、弱められ、阻まれていることを見抜くほどに深く考えることが私たちにはできないのだろうか？

私たちに見抜くことができてもできなくても、そうであることに変わりはないのだ。そして、本書の主題に関連して言えば、被服産業が全人口の過重労働《オーバーワーク》の過大部分を占めていることを私たちは認識しなければならない。

その被服産業に含まれるのは、木綿、羊毛、亜麻、絹に対する初期費用、私たちが必要とするだけを生産するために必要な労働量、私たちが必要としない材料を供給するために使われた不必要な労働量と、時間、体力、技術、土地の浪費だ。さらに、その材料を私たちの目的に合致させるための一連の作業が行われる、工場や仕事場や作業室のすべてや、輸送機械とその燃料や、倉庫と大小様々な店舗のすべてや、靴擦れができた何十万もの従業員たちだ。もし今日の女性たちが必要としている量の二倍の婦人服地を使い切ったとすれば、これらすべての苦役に服する何百万の人々の労働の半分を浪費したことに対して責任があるのだ。

もし私たちが私たちの衣服に対して現在払っているのと同じ額の金を払い、衣服の半分だけを使ったとしても、時間を節約した分だけでも、私たちに衣服を供給するために働いているすべての人々の生活水準を向上させることになるだろう。

こうした見解の付随事項として、消費者によって費やされる時間について若干考察しなければならない。みずからの身体の装飾とその複雑な材料に心酔してしまった挙げ句、議論、研究、調査、購入と、ドレスメーカーとの時間を食う押し問答に文字どおり何時間も、何日も、何週間も、何か月も費やすことを楽しむ女性たちがいることは率直に認めるが、そういうことを楽しまない他の女性たちがいることもまた依然として正しい。私たち全員が織物工芸や衣服のデザインとその仕上がり具合の理解と評価に関して完璧な訓練を受けていると仮定しても、それに非常に多くの時間を割きたいと思う人は数えるほどしかいないだろう。事実、それが一部の人々を楽しませることは否定できないとしても、他の人たちにとっては、それは倦厭、退屈、重い負担なのだ。

女性性に関する私たちの基準は、この衣服の細部に対する絶えざる関心を、女性の場合には黙認したり、賞賛さえしたりする一方で、男性の場合には、それを厳しく非難するといった性質を備えている。男性のグループが「ズボン用の生地」や、それに類する話題の議論に夢中になっているのを見ると、私たちは何と嘆かわしいことかと思ってしまう。未来のいつか、女性の場合にも、同じように嘆かわしいだけでなく、もっと嘆かわしいということを、私たちは知ることになるだろう。常に記憶しておくべきは、性的に着飾る本能は基本的には男性的であり、その性的に着飾る本能に対して女性が示す強烈な偏愛は、女性の置かれている立場が異常であることの証左であるということだ。

秩序正しい文明世界においては、女性たちはずっと以前に、実用的で、美しくて、経済的で、完全な自己表現を可能にする適切な衣服を進化させていただろう。男女両性が容姿に対して示す関心に何らかの差異があるとすれば、過剰な関心を示すのは男性の側であって、女性の側ではない。

私たちの現在の状況においては、それぞれの女性が様々なハンディキャップの他に、時間、思考、労働、金銭――場合によっては、そのすべてにおいて、女性は男性以上に衣服に費やさなければならない、というハンディキャップを抱えていることに私たちは気づく。女性は男性を脅かすよりも多くの種類の罰を受けるという条件で、ある一定の着方で衣服を身に着けることを要求される。最悪レベルの重労働や汚れ仕事においてさえ、女性は男性と違って、「きちんとした」身だしなみをしていることを求められ、自分の労働の他に、自分の衣服だけでなく、男性の衣服をも清潔にしておくという余計な仕事を追加しなければならないのだ。

ここで、この衣服における一般的な浪費が男性に及ぼす影響について考えてみよう。

男の子は姉と自分の衣服の差異――あのまったく不必要で最も有害な差異にまず衝撃を受け、早くから「女児服」を軽蔑するようになる。しかし、「女児服」は最初から性的区別と性的魅力のために利用されているので――たとえば、少女が髪に留めている幅の広いひらひらとしたリボンは、それが人目に付く範囲内で「女の子よ！　可愛いでしょ！」と大声で叫ぶためだ――男の子は「感じやすい年頃」になった途端に、女児服を軽蔑するどころか、それに惹きつけられ始めるのだ。

ある雑誌の最新号のイラストが、「とろけるように女性的《フェミニン》なスリッパ」と説明されている商品を、一点だけ、まるでショーウィンドーに陳列されているみたいに紹介している。とろけるように男性的な心はいつもスリッパにとりわけ感動しやすいようだ――シンデレラを見れば分かるように。しかし、「衣擦れの音《フルフル》」、「小さなヒールのこつこつ鳴る音《タップ》」、宝石や明るいシルクの煌めきなど、ばかげているのが何であれ、男性は女性の衣服に惹きつけられるのだ。

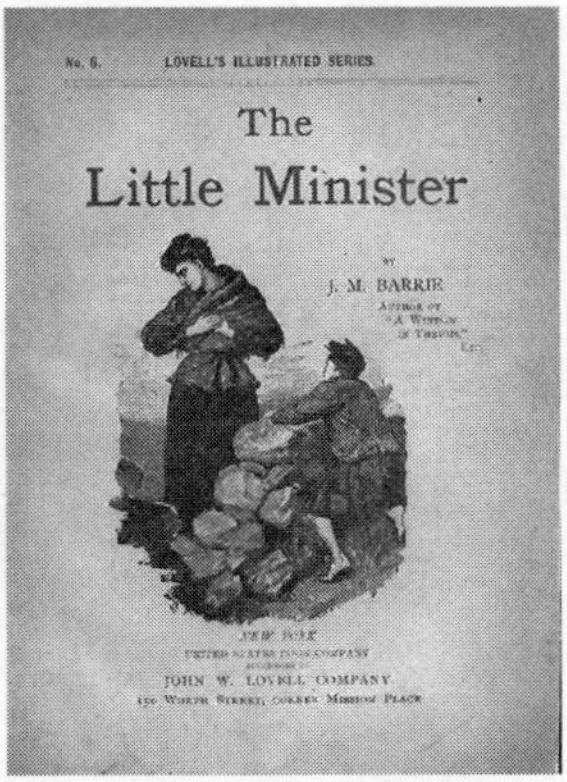

バリー『小牧師』

男性は反対しない。男性は批判もしない。男性は女性が男性を惹きつけるために衣服を着ることを期待し、もし女性が期待に応えないなら、そのような女性を無視するだけでなく、男性の意見に無関心のようで、男性が「風変わりな」と考えるような衣服を身に着けたりしていると、厳しく非難さえするのだ。男性が女性を愛しているときは、J・M・バリーの小説『小牧師』(2)に率直に示されているように、男性は「女性的《フェミニン》な付属品」を女性に捧げるという特権を熱意さえ込めて受け入れる。その際の贈り物として、定番になっている花や砂糖菓子の他に、男性はボンネット帽や毛皮、それにお決まりの宝石を差し出すのだ。この贈り物の件においてさえ、もし女性たちが自立していたとすれば、男女両性の関係がどのように異なるか、一瞬でも考えてみられたい。女性たちがこざっぱりした、快適で、美しくて、お似合いの衣服、控えめでシンプルな衣服、女性的というよりは人間的な衣服を着ていて、それを自分の力で購ったと仮定しよう。男性が衣服のために金を使うことによって、女性のご機嫌を取り結ぶことが許されないと同じように、そのプロセスを逆転させた女性が、新しい帽子や毛皮のコートを買うことによって、男性のご機嫌を取り結ぼうとすることが許されないと仮定しよう。これが想像の翼の広げすぎであることは私も認めるが、試しにやっていただきたい。仮に誰かが女性の歓心を買おうとしたら——つまり賄賂を贈ろうとしたら、そのときに女性が見せるあからさまに傷ついた姿を想像していただきたい。

それでは、女性に気に入られたいと思う男性は、何をすればいいのだろうか？　男性は贈り物ではなく行動によって女性に気に入られなくてはならない。男性は女性が好むものを与えるのではなく（こちらがずっと簡単だが）、女性が好むものになるようにしなくてはならない。女性が買収可能であるということは、あの深く根ざしている人種改良の力を、あの女性が生まれ持っている力を、女性は放棄しているということなのだ。

もし女性たちが自分たちの現実の立場と義務に忠実であるならば、より高い性格や行為の基準を男性に要求することによって、世界を着実に向上させることができるだろうが、現状では、女性たちはより高い出費の基準を男性に要求することによって、世界の向上を着実に押しとどめている。

男性は女性の「面倒を見る」ことをしなくてはならない。これは早い時期に住まいや食料や温もりを提供してやるという意味においてだけではなく、衣服に対する女性の計り知れない要求を満たしてやるという絶え間なく増大する、際限のない意味においてでもある。男性は妻子に生活必需品や生活を快適にする家庭用品、それに、もし可能であれば、贅沢品を与えなければならないが、それに加えて、生活必需品でも家庭用品でも贅沢品でもない品々——衣装の一部やそのアクセサリーとして、少女たちや女性たちにねだられるにすぎない品々に対する多額の出費も負担しなければならない。

この予想される重荷は、結婚を先延ばしにするかなり大きな要因となっている。思いっきり着飾っている、並外れて魅力的な愛娘から、その娘との結婚を望んでいる青年へ視線を移して、「この娘の面倒を見ることができるのかね、君は?」と尋ねるとき、父親が考えているのは、このことなのだ。

着飾り過ぎた妻と、やがては着飾り過ぎた娘たちの面倒を見なければならない男性は、そうでない場合に必要とされるよりもずっと多額の金が必要にならざるを得ない。だが、その事実は男性がより多くを稼ぐことを可能にしてはくれない。男性自身の市場価値は、男性にのしかかってくる要求によって高まりはしない。それはしばしば無用な不安によって下落する。しかし、それでも男性は金を稼がねばならず、多くの場合、そうすることになるのだ。

私たちの経済生活のすさまじい緊張は、決して何か一つの原因で生じるのではないが、数多くの原因のなかで、この事実は軽少ならざる原因だ。これは天下周知の「悪循環」を繰り返す。男性依存という不自然な立場に置かれた女性は、男性を捕まえて離さないために、新しい魅力をすぐさま開発することを余儀なくされる。自然な関係においては、男性が女性に気に入られるために可能な限りの豪奢ぶりを見せびらかさなければならなかったが、いまや女性がその自然なプロセスを逆転させ、男性に媚びを売っているのだ。

男性の趣味は単純で幅が狭く、常に要求するのはただ一つ、性的魅力だけなので、女性は性的魅力を芸術の域まで昇華させる。美貌や魅力には限界があるが、衣服や装飾品を女性の外面に付け加えることには限界はないも同然なので、女性は外部から装飾、うわべだけの浅薄な女らしさを求めて果てしなく広がる、底知れぬ海原へと旅立つ。そして、男性の趣味は極めて変わりやすいので、社会的利益という絶対的な法則が私たちに永久不変の一夫一婦制を与えることになった一方で、他の法則の働きで、その制度の「一婦」には――変化がないために退屈になりやすいという理由で――何百着もの衣服という無限の変化が付け加えられることになったのだ。

この下部構造が広く深く横たわり、それに応じて上部構造はそびえ立つ[3]。男性に気に入られるために、女性は「着飾る」ことをしなければならない。長い習慣とそれに起因する利点から、女性はそのような装飾に対する「本能」を発達させる。女性に気に入られるために、男性は男性に気に入られるために発達したこの本能におもねることになって、女性のために装飾品を購入するが、その装飾品によって女性は男性に対する支配力を維持するのだ。

この倒錯した慣習をめぐっては、大量の文学作品が出現している。この慣習を詩人たちは助長させている。芸術家たちも助長させているが、彫刻家がそうすることはめったにない。この厳粛で高貴な芸術としての彫刻はフォルムの美だけを心に留めておかねばならないが、彫刻に示されるすべてのコスチュームのなかで最も美しいのは、最も少ないコスチューム、**真の美しさ**――肉体の美しさそのものを隠すことが最も少ないコスチュームだ。画家は影深いヴェルヴェットやサテンの曲線的な輝き、さらには色彩のハーモニーとコントラストの喜びのすべてを楽しむかもしれない。彫刻家は骨と筋肉の曲線と交錯、全身体の気品と均整を愛するのだ。

しかし、彫刻が女性の衣服に影響を与えることはまずない。私たちは客間を偉大な彫像の鋳物で飾り、人形やミイラみたいな格好のまま、その前に臆面もなく座っている。

何か人間以外の動物が自分の正常な姿態の彫像群を保存していて、それ自体の真の姿が歪められ、自由を奪われてしまった戯画的な格好のまま、その彫像群に囲まれて暮らしている様子を、ほんの一瞬でも想像してみるがよい。

しかし、そのような状況がここにはある。女性に対する男性の賞賛が衣服や装飾で完全に覆われているので、身体そのものによってかき立てられたのではない感覚が衣服によって呼び起こされるような、例の奇妙な形をした不自然な満足感さえ生まれているのだ。

こうして悪循環が続いていく。

男性たちは女性たちに装飾品を提供するという重荷を背負わされている。女性たちは男性たちに気に入られるために、その装飾品を身に着けなければならない。別の男性たちは、自分の女性たちを着飾らせるための金を稼ぐ目的で、こうした魅力的な装飾品に対する女性たちの成長し続ける趣味を満足させることに全エネルギーを傾注しなければならない。

女性の衣服の多くにあまりにもはっきり見られる露骨な性的魅力を私たちが批判するのは、無理からぬことだが、その衣服を身に着けている女性たちを非難しつつも、それをデザインしたのが男性だったということは忘れないようにしよう。どのような趣味を喜ばせばいいのかを、この男性たちは心得ていたのだ。

ここでもう一度、想像の翼を広げて、素朴で、高貴で、美しい衣服をデザインする公平無私な芸術家を思い描くことができるだろうか？　さらに、もうひと踏ん張りして、そのような美しい衣服を選ぶほどに聡明な女性を思い描くことができるだろうか？　その場合でさえも、その美しい衣服を身に着けた女性は、性的経済関係(4)がもたらす利益を嗅ぎつける的確な感覚のせいで、全然美しくないが意図した効果があげられるという意味では「魅力的な」衣服を身に着けている女性と比べると、不利な立場に置かれてしまう。

それは費用につぐ費用、常にさらなる独創性、さらなる大胆かつ破廉恥な悪だくみ、さらなる出費を意味する。そして、女性たちは、ある者は万事知り尽くしたうえで、ある者は何も知らないまま、この社会的堕落の悪しきプロセスに加担している。

経済損失は広範囲にわたっている。それは顕在的であると同時に潜在的だ。それは富裕層における直接経費の膨大な数字や、ただの悪徳者たちのもっと悪質な贅沢三昧に現れている。それは合法的に「良い」女性を支えている人格者と、非合法的に「悪い」女性を支えている非人格者の双方に重くのしかかっている。

しかし、経済損失はそれだけに止《とど》まらない。それは労働者全体に、様々な製品を生産し、取り扱い、販売する人たちのすべてに及んでいる。それは一つの集団全員の習慣を変え、自制力を弱め、他の職業――すべての職業における過剰な放縦を促す。

身体のある部位の病気が他の部位を巻き込まずにはおかないように、社会的な奇形や過剰は何であれ、政治的統一体としての国民全体に影響を及ぼす。

過去の時代の道徳主義者や経済学者は、自分たちが「女性の虚栄」や「女性の濫費」と名づけるものを躊躇することなく非難したのだった、それが問題のすべてだと言わんばかりに。しかし、男性も女性も、この諸悪の根源であるちぐはぐな関係、男性を女性に衣食を供給する人に仕立てることによって、全体的な調和であるべきものを全体的な不調和に変えてしまったあの病的な男女関係を理解していないのだ。

これは永遠に続く状況ではない。自然な状況でもない。この状況は、女性が経済的に自立するにつれて、現時点でも私たちの目の前で変化しているのを見ることができる。自分が必要としているものを容易に手にいれることができる少女は、それほどプレゼントを当てにしたりはしない。結婚していても、依然として自分宛ての請求書の支払いを自分で済ます女性は、夫の経済力とは関係なく、その性格や仕事のゆえに、損得を離れて夫を愛することができる。依然として自分宛ての請求書の支払いを自分で済まし、子どもたちに衣食を提供する手助けをしたいと思っている母親は、必要以上の金を衣服に使ったりしそうにない。いくつになっても、幼少期より本当の人間の美しさを認め、愛し、尊ぶことを教えられている母親は、あの最高の生活形式に対して深い敬意の念を抱いているので、サルや紙人形のようにそれを飾り立てるようなことはしない。

女性におけるそのような変化は、同じ変化を男性にも引き起こすだろう。男の子と女の子が同じような服を着て、同じような遊びをしながら、愛情深く平等に育てられたら、男の子は「ただの女の子」である相手に対して、あの早熟な軽蔑の念を抱くことはないだろう。もし女の子が敏捷で、筋肉質で、四肢が自由で、よく訓練され、活発であり、着ている衣服も敏捷な若さにふさわしく、線と色、生地と仕立てが美しく、いかなる点でも過度に性的でないなら、互いに惹かれ合う若い男女の愛情は自然であって、人工的に育まれたものではないだろう。

ジョルジュ・サンドの小説『コンシュエロ』(5)では、若い羊飼いと一緒に山中を逃げるヒロインが、安全で便利という理由で羊飼いの服に着替えたとき、若者は相手に対する感情が即座に変化した——それまでは情熱的に惹きつけられていたけれど、ただの友人で相棒になるのは実に簡単だということがわかった、と率直に認めている。

ジョルジュ・サンド
『コンシュエロ』

男性と女性の衣服がまったく同じである必要はない。私たちが多様性や美しさ、繊細さや装飾性を放棄することは決して必要ではない。しかし、美しさや繊細さ、装飾性や多様性は実際の布地の構造と個人的感情の線に沿ったものであるべきで、明らかに性的な魅力の線に沿ったものであってはならない。

私たちの経済状態に及ぼす直接的な影響において、このことは人生を著しく単純化し、出費を著しく軽減させ、労働時間を短縮し、あらゆる階級の酷使されている男性たちの緊張と抑圧を緩和させ、女性たちのいわゆる経済的モラルを著しく高める傾向になるだろう。

新しい趣味の基準が現れるだろう。同じように優れた二着の衣服のうちで、私たちは生産するのに最小限の労力を必要とする衣服、清潔に保つのにも最小限の労力を必要とする衣服のほうを一番誇りに思うようになるだろう。満足することもなしに、ずっと買い続けていながら、何が欲しいかが全然わかっていない軽薄で変わりやすい趣味に代わって、私たちは何を私たちが望んでいるかについて喜ばしい確信を獲得して、それを明確な判断力で選択したり、その後、長年にわたって享受したりするだろう。

経済の全領域に対して引き起こされる結果は、ここで示すことができるよりも遙かに広範囲にわたるだろう。女性は世界の半分を構成していて、残りの半分の男性における精神発育に最強の影響力を及ぼしている。この一つのテーマに関して、女性が思考の健全な経済的基礎を手に入れたならば、必ずや全世界の判断に影響を及ぼすことになるに違いない。

そして、働き、考え、衣服のなかの美と安楽と心の平安をすでに切実に願っているすべての女性の人生から、とてつもなく大きな重荷が取り除かれることになるだろう。何百万もの男性の人生からもまた。

第一〇章

ファッションという名の権力

The Force Called Fashion

もし百万人もの人々が、何か目に見えない力に駆り立てられたかのように、毎日同じ時間に椅子から立ち上がって、平身低頭する姿を目撃したとすれば、私たちはこの行為を宗教的信念に基づくものと考えるだろう。

もし百万人もの人々が全員、手に入れることができる食料の供給に何の変化もないにもかかわらず、日々の食べ物を突然、肉から魚に、あるいは魚から野菜に変えるのを目撃したとすれば、私たちはこの変化を何か健康上の信念に基づくものと考えるだろう。もし姿勢の変化や食餌の変化が際限なく繰り返されて、たとえば平伏したり片膝を折る姿勢がひざまずく姿勢から飛び跳ねる姿勢へ、ダンスからうつ伏せへと変化したり、食事プランが毎年、毎月変更したりするのを目撃したとすれば、この人たちは宗教や衛生において本当の意味での信念を、みずからの行為の根拠となる確たる信仰や揺るぎない事実を欠いている、と考えることを私たちは余儀なくされるだろう。

極めて粗略な研究からも明らかなように、衣服は人類にとって極めて重要な存在だが、この衣服に関しては、何か神秘的で強制的な力が働いていて、気に入ってもいないし、賞賛してもいないし、必要としてもいない衣服や、快適でもなければ買う余裕もない衣服を着ることを何千何百万人という人々に余儀なくさせている。

この余儀なくさせている圧力があまりにも強烈なので、世界のための偉大な仕事に携わり、私たちの衣服の着用法の難点を強く意識している数多くの勇気ある人々は、自分自身の服装を決定する努力を意識的に放棄してしまっているが、そのような努力はあまりにも困難だというのと、自由を求める努力が引き起こす反対や非難といった代償があまりにも大きいために、自分が興味を持っている他の仕事に支障が生じるというのが、その理由だった。

この強烈な力を私たちはなかば本気で擬人化していて、世襲君主や守護神の名前を唱える人のように厳粛な改まった態度で、「ファッションの女神」や「ファッションの勅令」について語ったり、「ファッションの法令」という言葉を口にしたりしている。しかし、何らかの人間離れした力がこのような形で私たちに働きかけている、と本当に想像している者は誰一人としていない。私たちは私たちの行動が（a）伝統、（b）環境、（c）個人の意思の結果であることをいとも容易に知っている（あるいは知っているかもしれない）。この最後の要因は、個々人の知識や思考や信念といった内側からの圧力と、他者による何らかの形の説得や強制といった外側からの圧力の両方を免れることができない。

人間は単独では存在しないし、人為的な孤立はたちどころに病的な反応を引き起こすので、私たちは絶対的に個人的な衣服の選択に関する研究をすることができない。さらに言えば、すでに本書で見てきたように、衣服は本質的に社会的な産物であるので、そのようなものとして議論されなければならない。

ファッションに関して私たちが投げかけるべき疑問は「なぜあなたはそんなにもばかげた、そんなにも醜い、そんなにも危険極まりないハイヒールみたいなものを身に着けるのか」ではなく、「なぜ私たちはそんなことをするのか」なのだ。

それに対する第一の答えは一般的には経済学に基づいた答えだ。私たちの社会学的な議論の段階では、社会主義的な経済決定論が広く知れ渡っているので、あまり深く考えなくても、ほぼすべての人間の行動に経済的要因を見いだすことができる。もう少し深く考えると、他にも非常に多くの効果的な要因があることが容易に判明する。

もし私たちが十分に深く掘り下げて、他の例におけるこのファッションの力を調べるならば、マルクス自身さえも経済的圧力を例証するのに困惑するような事例（たとえば、三月になって、突然、少年たちが一人残らずビー玉遊びに熱中し始めるといった現象）[1]においても、この力が作用していることに私たちは容易に気づくだろう。

子どもたちや、社会学的には子どもたちである先住民の間では、このファッションの圧力がほとんど絶対的であることに私たちは気づく。慣習の力、つまり絶対的な大勢順応主義に対する要求は、社会的進歩に逆行するほど強くなることが判明する。社会的発展の段階が低ければ低いほど、個人の自由はより一層希薄で、困難で、危険になる——これは「専門化は組織化に比例する」という常套句によって明確に示されている事実だ。自分の「個性」を重んじる人たち、社会主義の発展が個性を弱めたり傷つけたりするのではないか、と危惧する人たちは、この事実を入念に検討すべきだ。高度の社会的関係においてしか、完全で完璧な個性は可能にならないのだから。

このようにして、私たちは経済学に言及することなしに説明される一つの要因をファッションの力のなかに見いだす。それは先住民にも共通している大勢順応主義であって、私たちやサルに共通している模倣の心理的特性に主として基づいている。それに、個人の自由に対する集団の反対もある。現代の比較的知的な生活においてさえも、この問題に関しては議論の余地はない。どんなに小さな事例においてであれ、個人が他者と「異なる」生き方を敢えて選択したとすると、家族の者による親密な批判や友人による誠実な苦言[2]から、世間一般の非難に至るまで、痛ましい結果を背負わなければならない。

少しずつではあるが、人類はいくつかの活動分野、とりわけ工芸の分野において、束縛を断ち切ってきた。道具や武器や機械の進歩におけるすべての段階は、以前と「異なる」何かを行うことを意味していたが、そのすべての段階は同じ反対や批判や抵抗に直面したのだった。それにもかかわらず、初期の生命体の進化におけると同様に、社会の進化においてもはっきりと認められる成長力は、新しい発明によって私たちを芽吹かせ、前へ前へと押し進めてきた。便益が明白で、容易に証明される実践的な活動分野においても、私たちは進歩してきたのだ。

保守主義を「平衡を保つ力《バランス・ホイール》」とか「必要不可欠な歯止め《ネセサリー・ブレーキ》」とかいった耳に心地よい名前で呼んで、そのメリットを賞賛することを愛してやまない人々は、私たちが石器時代の穴居人に対して持っている利点の一つ一つが、それまでと異なる何かや新しい何かを成し遂げてきた結果であり、その利点の一つ一つが慈悲深い保守主義者たちによって例外なしに反対されてきた、という赤裸々な事実を直視すべきだ。

私たちと他のすべての動物、先住民と文明人、子どもと成人の区別となっている顕著な人間的特徴は、**推理力**と**応用力**だ。自分の力で思考、判断、決断することができることと、自身の決断に従って行動する人格の力を持つこと

――この二つは人間の至高の特性だ。これらの自己判断と断固とした行動という能力がなければ、愛そのものだけでは生命を維持することはできないし、ましてやその成長を促進することはできない。

こう考えてくると、私たちの現代生活において、これらの高度な能力が使われていない領域や、それとは反対に、大勢順応主義という原始的な態度を保たなければ罰せられることになる領域を見つけることは極めて重要になってくる。

ファッションの目まぐるしい変化を持続させようとする経済的な要因のいくつかは簡単に目につく。最大の要因は製造業者、卸売業者、さらにはデザイナーや紳士服のテーラーや婦人服のドレスメーカーのすべてからの圧力だ。人間にとって必要な衣服が、不必要で貧弱で醜い衣服の製造販売に現在携わっている多数の人々に「雇用を提供する」ことができないことは明らかだ。この労働者集団のすべては、新聞雑誌に広告費を支払うことによって、衣服の変化という「強制通風」を継続的に作り出し、それを維持する作業を続けているが、この明白な事実は、一部の人々にとっては、ファッションの万華鏡的な変化の説明となっている。しかし、この事実だけではとても十分とは言えない。さらに二つの疑問点に対する説明が求められている。第一に、この労働者たちの努力は、一体どのような欲求(自然であれ、人工的であれ)に訴えているのだろうか? 第二に、**判断**と**意思**による抵抗を妨げているのは一体何なのだろうか?

資本家と労働者の巨大な集団が、週ごとに取り換えられる色付きの耳覆い《イヤーマフ》を製造販売すれば、継続的に利益が生じることに気づいたと仮定しよう。どのようにしてこの集団は私たちにこのイヤーマフを買わせることができるのだろうか? 私たちが欲しいと思ってもいないのに。また、どのようにして私たちに毎週その色を変えさせることができるのだろうか? 私たちが変えたいと思ってもいないのに。

製造者を駆り立てている経済的圧力は明々白々だが、消費者を駆り立てている圧力は一体何だろうか? 消費者の「大勢順応主義」を認めるとしても、どのようにすれば、他の消費者たちに可能な限り迅速に順応させるという目的のために、「ファッション・リーダーたち」を説得して、その考え方を改めさせることができるか、という疑問は依然として生じるのだ。

これには三つのアプローチの仕方がある。一つ目。女性の男性への経済的依存。すでに明らかにしたように、これは男性の気まぐれな興味を引き付け、それを引き留めるために、女性に衣装をしょっちゅう変えさせる要因となる。二つ目。ソースタイン・ヴェブレン[3]によって提唱された「衒示的消費」の傾向。これは男性と女性の両方に衣服を身に着けさせるのではなく、それを見せびらかせる要因となる——衣服の数が多ければ多いほどよいのだ。三つ目。私たちの社会の人為的な階級区分の結果。そこでは社会的地位が衣服によって示され、その結果、人間が生来備えている順応と模倣という傾向が、自分より高い地位にいる誰かのようになりたいという願望によって強化されることになるが、これは「保護的擬態」[4]の一種だ。

製造業者が製品を男性と女性の両方に売り捌こうと懸命に努力しているにもかかわらず、女性の衣服は男性のそれよりも変化を受けやすいが、それにはいくつの要因がある。男女の人生には大きな相違点があって、一つの階級としての男性は、どのような容姿をしているかではなく、何を成し遂げるかによって、社会的地位を築き、それを保持するという事実。男性の衣服の女性の衣服に勝る規格化と、制服に見られる単調で確固とした規格化の象徴性。男性は衣服の入念な着替えによってではなく、個人的資質とあらゆる種類の贈り物や贈賄によって女性を喜ばせるという事実。さらには、男性の活動は女性の活動よりも個人の判断力と意志力の行使を必要としているという事実。

大勢順応主義の問題に関しては、男性と女性の間にはほとんど差がない。男性は疑念を抱くことなしにあてがわれた衣服を丸ごと受け入れるので、女性よりも外見がずっと似通っていて、男性に衣服で個性を表現させることはさらに一層困難だ。その上、様々の限界があるにもかかわらず、男性の衣服は女性のそれよりも真の基盤としての人体にずっと近いのだ。男性は運動の自由がなければならないし、なにがしかの体力と技能を持たなければならない。裾の狭い「ホブルスカート」[5]や竹馬みたいなハイヒールのように、活動力を奪うものを男性に着用させることは一切できなかったと思われる。

しかし、不幸なことに、女性は女性に加えられるあらゆる重圧を受け入れる。経済的な重圧、性的経済関係[6]がもたらす重圧、女性が「社交的」と呼ぶものの重圧、その他大小様々な重圧。こうした重圧に対して、女性は理性、知識、芸術的感覚、個人的見解といった強固な対抗手段を講じる術をまだ身につけていない。

女性は一切抵抗しないのだ。

何百万もの立派に成長したおとなの女性が、ヘアスタイルや衣服や帽子や靴や指の爪までも大急ぎで何度も何度も整えては整え直している光景——しかも誰かに命令されるままに唯々諾々とそうしている光景以上に、悲しくて、哀れで、卑しむべき光景を呈することは困難だろう。

抵抗のつぶやき声もなければ、非難の瞬間もないのだ。

「これは美しい！　これを着なさい！」とファッションという名の**権力**が命令すると、何千何百万人もの女性たちが声をそろえて「これは美しい！」と賛同して、それを身に着ける。だが、二、三年もすれば、いや、二、三か月もすれば、女性たちはそれを見て大笑いをしながら、「これは美しくない！　どうしてこんなものを着ることができたのだろう！」と言う。しかし、女性たちがつぎに下される権力の命令に従うのを躊躇することはただの一度もないのだ。

伝統的に革命を称賛してやまない自由な国に、自由の身に生まれた人民のメンバーとして、私たちの国の女性たちは、名指しすることさえできない支配者たちにそのように急き立てられたり、追い詰められたりして、あまりの恥ずかしさに身がすくむ思いがするのではないか、と考える者がいるかもしれない。女性たちが思い切って顔を上げ、「なぜそうしなければならないのですか？——私はいやです！」と言うのではないか、と考える者もいるかもしれない。だが、そうではない。女性たちは川の流れに漂う水草のように同じ方向に頭を垂れたままで、その頭の上を、死ぬまでずっと、この衣装と装飾の川が流れていくのだ。その川の流れに女性たちが逆らうことをしないのは、この問題に関して何の意思もないからのようだ。女性たちの服従はあまりにも長く、あまりにも完全に、あまりにも途切れることなく続いてきたので、個人的に気に入っている衣服を着ることが可能だという考えが、生涯を通じて一度も、ほとんどの女性の頭をよぎることはない。女性たちは特別の好みがない。善悪の判断力もない。身に起こる様々な事柄を評価し、批判するためのいかなる倫理的、経済学的、衛生学的、芸術的基準も持ち合わせていない。それどころか、女性たちは女性たちを支配する権力を神格化し、それを崇め奉っている。この権力を女性たちは「**スタイル**」と名づけているのだ。

　この権力崇拝には神秘的なカルトが潜んでいる。それは特別な態度でかしずかれ、言葉で説明することができず、名状しがたい霊的報酬や優越性がそれの擁護者と帰依者にもたらされると考えられている。神秘の前に容易にひれ伏したりしない者たちのがさつな分析によると、そのカルトは最新のファッションにおける明確な特徴を見極め、その特徴に衣服を順応させることから成り立っているように思われる。それはもしかしたら様々な「特徴」を寄せ集めたけばけばしい衣服や、「特徴」を何一つ備えていない地味な衣服のような野暮ったい衣服を身に着けるよりはましかもしれないが、それは「特徴」そのものに価値を付与することはない。この上なく大きな風船のように膨らんだスカートをはいた女性のクリノリンは、醜く、不格好で、ばかげていたし、一八七〇年ごろに流行した「グリーシャンベンド（ギリシア屈《かが》み）」と呼ばれる前かがみの歩き方は世のすべての美女に対する侮辱だったし、一八八〇年代の背中で結ぶ「タイドバックスカート」

グリーシャンベンド

やほんの昨日の「ホブルスカート」[7]もまた屈辱的なまでに身体の機能を奪っていた。愚劣極まりないデザインを首尾よく成功させることは、高邁とはとても言い難い目標なのだ。

にもかかわらず、私たち女性はほとんど例外なしに、生涯を通じて「スタイル」を切望する。それを求めて努力し、それを研究し、それを賛美し、それを羨望し、どんな代償を払ってもそれを買い取りたいと願うのだ。それを手に入れた女性たちが絶対的な自己満足にどっぷり浸っているので、それほどに大きな満足がそれほどに脆くて不確かな土台の上でも手に入るということを、人は目を凝らして確かめる。この熱狂的に崇拝されている「スタイル」は、知性の発揮、力量、技能、忍耐によって手に入れられるものではないからだ。絶え間のない変化の荒れ狂う氾濫のなかで、この優越性という神秘的な命綱を見つけ、それにしがみつく才能は、特異な性癖を必要としているようだ。この天賦の才能はあまりにも漠然としていて、不確かなために、それを所有している事実さえも他者の意見によって初めて証明される――そして、その意見までもが、残念ながら、食い違うのだ。ぞろぞろと進む、熱烈で、従属的な女性集団のなかで、この女性、あの女性、あるいはまた別の女性がスタイルの大いなる唱導者として――一部の人たちによって歓迎される。だが、他の人たちはそれを否定する。誰も肯定や否定を説明したり証明したりすることができない。その根源を人間精神のなかに追い求めてみると、私たちは奇妙な心理的背景に出くわすことになる。

一人の個人の生涯をたどるとき、私たちは女児が衣服における性別の影響を最初に受けることに気づく。「男の子にふさわしい」ものとはまったく異なる「女の子にふさわしい」ものによる影響だ。赤ん坊はもちろん、衣服を選択することはできないが、衣服の影響は非常に受けやすい。母親による衣服の選択は、一体何が決定しているのだろうか？

それは卵から雌鳥へ、さらにまた雌鳥から卵へと時を重ねるみたいに、はるか以前に遡るのだが、私たちの衣服の好みに強い影響を及ぼす一つの力は、人形と遊ぶ習慣だ。女児は人形を与えられ、本能の場合もあるが、たいていは模倣によって、母親としての世話や家事を繰り返す。子どもは母親が本物の赤ん坊にしているのを見習って、人形の赤ん坊を可愛がったり、叱ったり、食事を与えたり、着替えをさせたりするのだが、母親は母親で子どものときに自分の人形にしてやったと同じように、自分の本物の子どもを可愛がったり、叱ったり、食事を与えたり、着替えをさせたりしているのだ。

母親の行動の大半が「本能」の問題であるならば、私たちは子どもの行動が母親のそれに酷似していることや、母親の行動が子どものそれに似通っていることに気づくとしても驚くに当たらない。

子どもは、「お人形さん用の布切れだよ」と言って、思い切り色鮮やかな端切れの束を与えられると、精一杯頑張って、お気に入りの人形を着飾らせる作業に取り掛かる。子どもだから、子どもっぽい芸術的感覚が期待されるのは当然だが、その芸術的感覚が賢くもならず、教育を受けることもなく、美の研究によって洗練されることもなく、自然や芸術に対する愛に関する知識によって強化されることも明確化されることがなければ、それは死ぬまでずっと子どもっぽいままで終わってしまう。

子どもと先住民と女性における芸術的感覚の類似点は、本書の装飾の研究で見てきたように、注目に値するほどに顕著だ。それは進化する知性の応用と教育によって脱却されなければならないが、知性と教育のいずれも女性の衣服においては活用されていない。女の子は、人形服を着せられた赤ちゃんとして、芸術的感覚を身に着け始め、赤ちゃん服を着せられた人形を相手にして、その感覚に磨きをかける。女の子は、その後さらに、若い仲間たちの間で、模倣という例の強力な人間的性癖の影響を受けることになる。

子どもたちは先住民と同じく度し難いまでに模倣的で、冷酷なまでに模倣的だ。子どもたちは他の子どもたちが着ているものを着たがるし、規則に当てはまらない身なりをしている不運な子どもを残酷なまでに批判し、笑いものにする。この模倣の力に影響されている点では、男の子たちも女の子たちと同様だが、衣服における男の子たちの優位性は、その性別ではなく、その地位《ステータス》に関わっている。

子どもたちの親や教師は、この模倣という原始的性癖と闘っていて、一点の衣服はその長所、本質的な美しさや実際的な美しさ、用途、表現力などに基づいて判断されるべきだと説いている、と思う人がいるかもしれない。一〇万個の醜い帽子やばかげたリボンは、一個か二個の帽子やリボンに劣らず醜くてばかげているということが頭のいい八歳の子どもに教えられていると思う人がいるかもしれない。

そのような努力は一切なされていない。

子どもたちは、苦悶や反発をおぼえながら、「自分の衣服を大事にする」ことを教えられる。少なくとも、教える努力はなされている。私たちはまた子どもたちに「衣服を清潔にしておく」ことを教えようとするが、これは無駄な骨折りで、成し遂げられたとしても、害になるだけの作業だ。健康な子どもが衣服を安全に着るはずがない。しかし、衣服の本質や目的——人類にとって衣服はどのような意味を持っているか、どのようにして衣服の価値を認めるべきかを子どもに教える者は、誰一人としていないのだ。

男の子は、青年になるにつれて、衣服の仕立てやボタン、帽子、靴下やネクタイに並々ならぬ興味を示す時期を経験し、やがて、制限された範囲内での選択肢ではあるが、気に入ったタイプの衣服を決定し、以後はそれを身に着けるようになる。そうでない場合は、それほどの知性を働かせることさえもなく、仕立屋に勧められたものを受け入れるか、友人たちを真似るだけになってしまう。

先に述べたように、男性の衣服が女性のそれよりも高度に発達している状態は、男性の高度な社会的状況や経済的地位のせいであって、特別な性的優越性のせいではない。衣服の歴史を一見しただけで、もみ殻《ブラン》の詰め物で膨らませた短ズボンや胴衣《ダブレット》、剃髪した頭に髪粉をつけた馬毛でできている鬘《かつら》、パイプが伸びたようなつま先を膝はおろかガードルにまで固定しなければならないほど長い靴に至るまで、考えられるあらゆる奇々怪々な衣服を男性が身に着けていたことが判明する。しかし、外の世界での働き手としての男性の衣服は、女性のそれ以上に進化してきたのだ。

女の子は、思春期を経て成人女性になっても、人形や赤ん坊の影響や模倣本能を抑えるものは何もないことに気づく。しかし、女性は二つの新しい力が自分に働きかけていることに気づく。性による経済的関係において優位に立つための手段としての衣服の利用という差し迫った必要性と、女性の社会進出の手段としての「スタイル」に対するさらなる需要の二つだ。

女性に影響を及ぼしている累積的な力について考えてみよう。（a）人形から赤ん坊へ、赤ん坊から人形へと引き継がれる、人類および個人の幼少期における原始的な装飾趣味。（b）精神の意識的な集中によっても抑制されることのない、人類とその直近の先祖にとって極めて自然な模倣習性。（c）性的動機と経済的利点が複合した巨大な力。（d）衣服によって達成される社会進出への願望。

長年にわたってまったく教育を受けられず、いかなる自由も経験したことがない女性が、このようなプレッシャーに悲惨なまでに屈したとしても不思議ではない。また、今日においてさえ、結果を比較検討することができるにもかかわらず、非常に多くの女性が熟考の末に最も安易な道を選び、行動によってではなく着飾ることによって目的を達成しているとしても驚くに当たらない。

しかし、驚愕するだけの深刻な理由になっているのは、実力、明晰で強靭な頭脳、高邁な倫理観を兼ね備えた女性が衣服の問題を知的に考慮することもなく放置しているという事実だ。この女性たちの異様なまでに隷従的な態度は、くすぶっている反逆精神をかき立てるのではないか、と思う人がいるかもしれない。行動を純粋に愛する気持ちから、この衣服の問題は活発な精神、実践意欲を引き付けるのではないか、と思う人がいるかもしれない。

そのような意欲は示されてもいないし、そのような努力はなされてもいない。「**ファッションの命令**」は天からの啓示か、自然の理法でもあるかのように受け入れられている。出回っている「女性雑誌」には、パリからの勅令が載った神聖な「ページ」が提供されている。これは要するに特派員便り、この回転木馬のように目まぐるしく変化する君主の言いなりになるために、いますぐ何をなすべきかを熱烈な読者に伝えるために雇われた人間からの報告にすぎないのだ。

「当地の大手のクチュリエ（ドレスメーカーを意味するだけの印象的な言葉だ）の大半が秋冬の新作は身体のラインを強調することを決定した」

「身体のラインが業界最優先事項となり、かつて重要視されたデザインは業界二位に甘んじる」

「ヒップが目に立ち、くびれたウエストが話題を呼んでいる」

「パキャンはワイドスカートがお気に入り」

「パリの一流テーラーのベルナールは、ストレートスカートとキモノスリーヴの時代は終わった、と語っている」

「ジェニーは美しい秋物のドレスに細い組紐《ソウタシエ》飾りをたっぷり使う予定」

ジャンヌ・パキャン

オーギュスト・ベルナール

マダム・ジェニー

それでどうだというのか？　これらの記述はパキャンやベルナールやジェニー[8]といったクチュリエたちの意図に関しては十分に正しいかもしれないが、だからどうだというのか？　この業界人間たちの意見や意図を畏敬の念に打たれたかのように重要視する態度は一体何なのか？　私たちが「大手の食料品店が新しい仕入れではチーズに力を入れる」ことを宣伝するページを読んだとしても、だからといって私たちはもっとたくさんのチーズを買い込むことになるだろうか？

「ジョーンズは熟成チーズがお気に入り」
「大手の卸売業者のブラウンはオランダ産の赤玉チーズとフランス産の白カビチーズの時代は終わった、と語っている」
「スージーは料理にリンバーガーチーズを大量に使う予定」

だからどうだというのか？　あなたの食事スタイルを変えさせようという商売人たちの共謀のせいで、百万人の女性たちがいま食べている食べ物を捨てて、新しい種類の食べ物を食べるために食料品店へ一目散に駆けつけたりするだろうか？

衣服の領域においてのみ、それもほぼ全面的に女性の衣服の領域においてのみ、まるで催眠術をかけられた操り人形の群れでもあるかのように、成人人口の半分を占める女性たちに命令を下すことが可能なのだ。

「この私から目を離してはなりません！」と一**流のクチュリエ**は命令する。黙って、うっとりしたまま、女性たちの目はじっと離れず、釘づけになっている。

「私が下す命令に関わる衣服のことだけを考えなさい！」

女性たちは衣服のことだけを考える。

「さあ、よく聞きなさい！　素早く行動してください！　ウエストラインを上げなさい！」

ウエストラインは上がる。

「ウエストラインを下げなさい！」

ウエストラインは下がる。

「ウエストラインを無くしなさい！」

ウエストラインは無くなる。


クチュリエの信奉者たちは、つぎつぎと命じられる変化のスピードと、自分のウエストラインが正しい位置にあるかどうかを確認するために必死で注意を集中しているせいで、息も絶え絶えの状態だ。


「泥のなかでスカートの裾を引きずりなさい！」

女性たちはスカートの裾を引きずる。

「スカートの丈を膝下半分まで短くしなさい！」

女性たちはスカートの丈を短くする。

「スカートの幅をパンツの片足分まで縮めなさい！」

女性たちはスカートの幅を縮める。

衣服に関わっている美、真実、快適性、経済性、そして健康の問題はさておくとして、この尊大不遜な命令におとなしく従っている私たちの国の女性たちは、一体全体どうなっているのだろうか？

いかなる**正しい権利**によって、男性や男性たちの集団——それに、ジェニーのようなクチュリエたちは、アメリカの女性たちに命令を下すのだろうか？　いかなる誤った権利、いかなる気弱な服従、いかなる臆病、いかなる完全な思考欠如、いかなる意志の進行性麻痺によって、私たちはそのような命令を受け取り、それに従うのだろうか？　そのような命令を私たちは熱心に探し求めているのだ。その命令を受け取る目的のために、私たちは「特派員たち」を——前もって——パリに送り込んだりしている。私たちは**命令者**の意図を遙かに超えて、本家も顔負けの勢いで命令を実行しているので、私たちの**支配者たち**はこの国にやってきて、あまりにも絶対的に命令に服従したという理由で、私たちを面と向かって非難しているのだ。

さらに、大半の女性たちは、この異様なスタイル崇拝《カルト》とずぶずぶの関係になっているために、自分自身のグロテスクな外見に全然気づかないまま、自分たちのよりも遙かにずっと本質的に美しい他人の衣服の悪口を言ったり、嘲ったりしている。女性たちは互いを着ている衣服で評価するのであって、身体はもちろん、精神によって評価するのではない。そして、その評価の基準は、使用されている素材の素晴らしさとか、仕立ての技術とか、時と場所と職業に適合しているかどうかとか、衣服としての抽象的な美しさとか、それを着用している人にふさわしい具体的な美しさとかではない——そのような基準のいずれか一つであれ、そのすべてであれ、「この女性の衣服は命令に従っているのか？」というたった一つの問いかけに対抗することができない。もしそれが命令に従っていなかったら、その女性は呪われた者《アナテマ》となってしまうのだ。

このような状況は発達のハーレム段階にある女性たちに起こり得ると思われるかもしれない。着衣が看板になっているあの不幸な売春婦たちの間であれば、私たちはそれの存在を理解できるかもしれない。私たちは「上流社会人士」からの招待状を手に入れようとして人生を過ごしている女性たちの間でも、その存在を認識することができるが、それは衣服が別のゲームと同じように看板の役を果たしているゲームなのだ。しかし、裕福な奥様連中や働く女性たち、さらには考えたり教えたりしている数多くの女性たちでさえも、この悲惨な弱点によって打ちひしがれていて、衣服にまつわる美学や経済学や衛生学の知識を披露することもなく、**大勢順応主義——命令服従**に対する要求だけを示しているという事実は、滑稽なだけでなく、哀れでもあり、哀れなだけでなく、危険でもあるのだ。

この大勢順応主義は固定したタイプへの順応ではなく、絶えず変化するパターンを追い求める半狂乱のシャドウダンスであることを忘れてはならない。この順応主義は、それを達成することが可能な限り、ほとんどすべての女性の意識を支配し続け、それを実現するためには、思考のみならず、絶えざる労働が必要とされていることも忘れてはならない。それはフローラ・マクフリムジーだけでなく、窓から垣間見た外の世界の変化に合わせて子どもたちの服をせっせと縫い直している、ジェイムズ・バリーのすばらしい作品に描かれた愛情深い病弱な母親にも言えることなのだ[9]。

命令に絶えず積極的に服従する行為は、いかなる分野であれ、自立した行動を一時的に妨害するだけでなく、そのような行動を求める熱意や意志をくじく傾向があることを忘れてはならない。

人類の最も重要な美質は、私たちが私たち自身の意志に基づいて**自由に考える**ことや、**力強く行動する**ことを可能にしてくれる美質であることを忘れてはならない。

私たちはゆっくりとではあったが、やっと最近になって、ずっと以前の時代から続いていた奴隷の地位、所有奴隷制の状態から何とか抜け出すことができた。ゆっくりと、最近になって、ごく一部にすぎないとはいえ、いくつかの国々は**教皇不可謬説**や**王権神授説**からの脱却を果たしている。歴史の最初からずっと、**人間の魂**が自由を手にするために力を尽くして戦っているのを私たちは目にすることができる。自由を手に入れたとき初めて、この地上において私たちが果たすべき偉大な**人類の義務**としての進歩、成長、美質と能力の真の意味の展開、正しい関係性の発展が可能になるのだ。

そして、ここアメリカでは、苦難の末にやっと一切の拘束からの自由を獲得したにもかかわらず、全人口の半数を占める女性たちが、過去のいかなる**教会**や**宮廷**よりも支配者としてふさわしくない集団（恐れを知らぬ花柳界《デミモンド》のドンたちや、衣装を見せびらかすことを生き甲斐にしている「社交界」の哀れな操り人形たち）と、貪欲で横柄極まりない商人たちとその雇われ者たちの集団のばかげた気まぐれや思いつきや経済的需要のとりこになって、この言語に絶するほどに愚劣な奴隷の境遇に満足しきった様子で、積極的に、嬉々として身を置いているのを、私たちは目の当たりにしているのだ。

この集団の者たちが私たちのファッションを決定している。

この集団の者たちが命令を下している。

この集団の者たちに何百万もの私たちは服従している。

第二章

ファッションと心理学

Fashion and Psychology

人間の生活において、どんなに些末であっても、全体と何の関係もない部分は無い。どのように些細な行為であっても、人間としての生き方に関して「正しい」とか「間違っている」とか言えない行為は無い。正しいか間違っているかを判断するためには、もちろん、私たちは生き方について、大英帝国とロシア帝国の覇権をめぐる「グレート・ゲーム」(1)について、そこにおける私たちの個人的な役割について、明確な考えを持っていなくてはならない。

人生における個人の場所や仕事が特別な衣装を要求するとき、どの衣服が「正しい」のか、どの衣服が「間違っている」のかを判断するのは容易だ。誰かの仕事で、衣服を頻繁に変えたり、迅速に変えたりすることが必要な場合、そこには正しい手順と間違った手順とがある。しかし、私たちが女性の平凡な暮らしを考えるときには、判断の基準はそれほど明確ではない。

ここで私たちが研究するのは、あれやこれやの衣装の倫理性や、それを着たり脱いだりする際の身体の敏捷さの倫理性ではなくて、**ファッション**の倫理学、**ファッション**の心理学、このファッションへの悲惨な服従の習慣と人生の他のすべてとの関係なのだ。

私たちは衣服について考えることや、衣服の本質や品質や効果に関する真の推論過程にあまりにも不慣れなので、この**ファッション**への世間一般の隷属に高度に心理学的重要性を付与することは不条理に思われるかもしれない。

調べてみることにしよう。

私たちは先ず人間生活の本質と目的に関する共通基盤を築かなくてはならない。

最初の原因や最終の結果を詳しく調べなくても、私たちはたいてい、この地球上で私たちがやるべきことは個別的にも社会的にも進歩することだということに同意するに違いない。私たちは私たち自身がもっと成長し、私たちの子どもたちは私たちよりもずっと成長すべきだ。私たちは生活状態を改善し、私たちの誰もが健康、美、知性の向上を図るべきだ。私たちは私たちの社会的、政治的関係を改善して、宗教が命令し、進化が約束し、人間性が希望しているあの**神の王国**の地上における実現のために貢献すべきだ。

確かに正論だ。さらに続けて、こう述べてもいいだろう。「そのような改良改善をもたらす傾向のあるこれらの行為は正しい。そのような行為を促進する傾向のあるこれらの思考や感情は正しい。そのような行為を導き出す思考や感情を育む傾向のあるこれらの環境は正しい」と。

それもまた正論だ。では、ある特定の行為、たとえばウマの尾を短く切る行為が、高度な社会的進歩に伴うだけでなく、それを促進するのに力を貸す、あの動物一般に対する共感力を鈍化させる傾向があることを証明したと仮定しよう。さらに、その行為は真の美意識の育成を妨げる傾向があり、その結果、社会的進歩を制限するということや、その行為が他の点ではそのような共感力やそのような美意識を示す人間によってなされた場合には、それは脳の機能的結合における断絶あるいは根深い不整合（これは常に思いがけない害を与える可能性のある心的装置の危険な欠陥だ）を必然的に抱えていることを証明したと仮定しよう。

人間の手間を省くためや、誤った原始的な美意識のせいで、動物を損傷させるというこの行為は、単純で取るに足らない事柄に見えるかもしれないが、その行為の他の行為との関係とそれがもたらす結果は複雑であると同時に重要だ。

私たちの様々な行為の相互関係のすべてもまた複雑で重要なのだ。

もし誰かが強くて、一貫性があって、正常な脳を持っているなら、ある場所で愚鈍で、別の場所では賢明であることには耐えることができない。脳はその行為を調和させなければならない。その反対に、誰かの脳が行為の矛盾を意識しないほどに楽天的だったり、その矛盾に気づくことさえできなかったりする場合には、あるいは、それに気づいても、それを軽視して、そこに何の危害も認めないような場合には、その脳は強くもなければ、一貫性もなければ、正常でもないのだ。

世界をその自然な健康や幸福から遠ざけている要らざる愚行の巨大な混乱状態のなかで、二つの要因が何よりも際立っている。一つ目は、私たちが私たちの困難を明確に捉えて、公平に判断することができないようだということ。二つ目は、私たちが困難を見抜いて、正しく判断することができたとしても、取るべき行動に関して麻痺してしまっているように見えるということ。

私たちの国には立派な道路が必要である、という単純極まりない問題を考えてみよう。これは一二歳かそれ以下の子どもにも説明することができる。道路のない国はまったく文明化されていないし、未開人しか住むことができない。悪い道路が数本しかない国は、それゆえに発展に限界がある。輸送と移動の需要の限度に達するまで道路がよくなれば、それだけますます国はよくなる。さらに、私たちは人口を稠密にしてから、その人口のために道路を作るのではない。そうではなくて、道路を作ってから、「国を発展させる」のだ。住民がやって来て、道路沿いに定住する。私たちは全国的な道路改良計画によって、私たちの国の富を増大させ、その知性と健康と幸福を迅速かつ確実に向上させることができる。私たちは道路建設のための資材を大量に所有している。そのための専門知識《ノウハウ》も私たちは持っている。必要な労働力も私たちは持っているが、その労働力があまりにも声高に雇用を要求するので、これを私たちは「問題」と呼んだりしているほどだ。

それで、どうなのか？　一体なぜ私たちはこの問題に取り組んで、その労働力を資材に充当し、世界一すばらしい道路を私たちの国に作らないのか？　つぎの二つの事実以外に何の理由もない。第一に、いかに明確で単純であっても、これほどに重大な問題を把握する能力が私たちにはないという事実。第二に、私たちがかりに理解したとしても、それを行動に移す能力が私たちにはないという事実。

このような例は身の回りに何千何百と転がっている。だが、そのことは女性の衣服と一体どのような関係があるというのか？

それはこういうことだ。女性は世界の半分を占めている。男性の母親および男性に影響を及ぼす者《インフルエンサー》として、残りの半分の男性に対して持っている影響力のゆえに、女性はより重要な半分を占めていると言える。男性をハーレムに囲っている、活動的で知性的な女性たちの種族のほうが、男性たちが女性をハーレムに囲って、自分たちだけで活動的で知性的になろうとしている場合に目にするよりもすばらしい進歩を遂げるだろう。男性たちが手中にしている人類の進歩は男性の男性性、男性につきものの特殊な弱さと怒りっぽさによって絶えず妨害されている。男性たちは広く使用されているアルコールやニコチンといった薬物乱用の悪習に染まりやすく、あまりにも自制心に欠けているために、悪徳と犯罪、それに関連する病気の非常に致命的な記録を示し、生来あまりにも好戦的であるために、世界を争いで満たしているのだ。

女性特有の生得の属性は、母性を特徴づけている数々の属性――愛情、世話や奉仕、創造的勤勉、家族グループを育み、より高い状態に導くすべて、などの性向だ。隔離や男性依存といった異常な立場に置かれていても、女性は世界全体で私たちが見る必要がある特性の多くを、家庭において遺憾なく発揮している。女性を押しとどめ、女性の身体的、精神的、倫理的な成長を妨げるものは何であれ、世界にとって深刻な損害だ。

私たちは以前に女性の精神と身体に及ぼす様々な衣服の影響について論じた。いまここで問題にしているのは、特別な衣服一般や衣服一着の及ぼす影響ではなく、「ファッションを追いかける」行為がもたらす影響なのだ。

私たちに分け与えられているファッションがいいファッションであって、衣服と装飾が非常に美しく、決して有害ではないと仮定しよう。私たちが熟考しなければならないのは、命令されたファッションの影響ではなく、その命令に従う行為が及ぼす影響だ。

ここアメリカでは、いわゆる文明化した人種の間にありながら、世界の半分を占める女性たちが愚かな服従命令を習慣的に服膺するのを私たちは放置しているのだ。

ある女性は美や解剖学、生理学や衛生学についての知識も、布地や衣服の織物工芸についての知識も、あらゆる形式の装飾美術についての知識も持っていないかもしれない。にもかかわらず、もし「ファッション」がたまたま美しく適切だったならば、その女性はより賢明な他の女性たちと同じように賢明な服装をするだろう。ある女性はこれらすべての知識を備えた、経験豊かな女性かもしれないが、もし「ファッション」がたまたま醜くばかげていたならば、その女性は愚かな他の女性たちと同じように愚かな服装をするだろう。この二人の女性たちはどちらも服従命令を守ることによって、判断をするみずからの権利を放棄し、その権利を行使しないことで、判断する能力を失っている。

人間の脳は、私たちの卓越した人種的優位は、私たちを天国の門まで導き、押し進めることができる。その抑制力によって、私たちは原始的な衝動や秩序を乱すような衝動を抑えることができるし、その意志力によって、私たちが欲している以上にうまく振る舞うことができる——このようにして、未来の良い習慣を築くことができるのだ。

脳がなければ人間性もあり得ない。脳がほとんどなければ、人間性もほとんどない。弱くて、不安定な脳だと、人間性も弱くて、不安定だ。脳が発達して、視界が広がり、より密接な関係を認知し、もっと遠くの結論に達し、成長し続ける能力を行動に応用するにつれて、人間性も発達する。

この有益な結果がなくても、私たちが何らかの分野に精通することは可能かもしれない。重要なのは、脳の記憶容量でもなければ、推理力（発揮されていないときの）でもない。真の人類の進歩に寄与するのは、知識と推理、さらにこれらの特性の効果的な支配に他ならない。

私たちが衣服の「ファッションを追いかけている」限り、私たちはその分だけ衣服を改善する資格を奪われてしまうことになる。

服従する習性は、判断する習性、自由な選択と断固たる行動の習性を絶対的に禁止する。
ある特定のスタイルの若干の変化は提供され、その結果、私たちは私たちが「選択している」と考えるかもしれないが、私たちはそのスタイルの範囲外では選択することができない。女性用の帽子がフルーツバスケットほど大きかったときには、クラウンの小さな帽子は販売されていなかった――それはそもそも製造されていなかった。帽子の買い手には悪の選択以外の選択肢はなかったのだ。

さらに、ファッションの心理学は、女性を眉から肩まですっぽり隠して消してしまうあの巨大な帽子のように、異常で醜悪な代物に取り囲まれていた後では、見ている側も時間の経過とともに慣れてしまって、正常な型とサイズの帽子が矮小で異常に見えてくることを示している。

「新しいスタイル」を売る商人たちもまた、渦巻くファッションの激流に判断力を完全に奪われている。商人たちはファッションの基準以外に何の基準も持たず、無知に軽蔑が結びついた形で、賢明な選択をすることを心から願っている買い手の困難を山のように積み上げる。

ドレスメーカーたちは、背中で留めるドレスが作られるようになると、前で留めるドレスは作ることができないと公言する。できるかできないかではなく、作ることをひたすら拒否するのだ。

他ならぬこの愚行で思い出したのだが、流行の先端を行く女性ですら、赤ん坊みたいに、人形みたいに、はたまた奴隷みたいに無力な状態に自分が置かれていることを全然理解できていない！　ドレスを背中で留めることを余儀なくされている、いや、絶対的に強制されているというのに。この女性はそのようにすることを考えたこともなかったというのに。ドレスを背中で留めると不快だし、留めるのは難しいし、まったく役に立たない。そうしなければならない理由は露ほどもない。小さな子どもや障碍のある人の着衣が脱げてしまうのを防ぐために、そうすることはあり得るだろうが、衣服を脱ぐという必要な行為のために、おとなの女性がなぜ助けを呼ばなければならないか、まったくもって理解に苦しむ。メイドがいる女性はごく少数だ。ほとんどの女性は仏頂面をした、軽蔑をあらわにするのも当然の夫に力を貸してもらうことになる。だが、夫のいない女性はどうすればいいのだろうか？

私は以前、ある女性が一人旅の途中でホテルに宿泊したとき、思いどおりにならない体にドレスを留めてもらうためにベルボーイを呼んだことを、臆面もなく話しているのを聞いたことがある。自分の服を着ることができないような男性がいたりしたら、女性は一体どう思うだろうか？　コートのボタンを背中で留めてもらうために、誰かを狂ったように呼んでいる男性の姿を想像することができるだろうか！

しかし、衣服に関しては、ファッショナブルかどうかということを除いて、女性の頭のなかには情緒とか尊厳とか自立とかいったものは何一つないので、女性たちは長年、このファッションへの従属という恥辱を甘んじて受けてきたのだ――抵抗することもなく。

私の記憶では、この国の「自由の身に生まれた女性市民」は――女性が一級市民であればだが――、つぎのようなやり過ぎた衣服のせいで、ユーモア作家や諷刺作家の嘲笑の的になったり、皮肉屋の軽蔑の的になったりしてきた。（a）「フープスカート」。（b）「グリーシャンベンド（ギリシア屈《かが》み）」――恥知らずな呼び違い――よりによってギリシアとは！――あのカンガルー的な姿勢のことだ。（c）「バックタイドスカート」当時の『パンチ』の挿絵には、ファッショナブルな装いの婦人たちが舞踏会場に到着したものの、（膝の辺りまでタイトなスカートだったため）場内に入ることができない様子が描かれている――舞踏会は階上で開催されていたのだ。（d）「タイト・スリーヴ」――帽子を先にかぶり、ドレスというか「バスク」は後から着なければならなかった。（e）「マトンレッグ・スリーヴ」。（f）「トレイリング・スカート」

マトンレッグ・スリーヴ

——実際に引きずるのは歩道でのことだったが、あまりに早く布地が擦り切れるのを防ぐために、特別な「ダスト・ラッフルズ」がスカートの内側に縫い付けられていた。[2]

それから、しばらくの間、一つの完璧なドレスが登場した——私たちが恐らく一世紀ばかり手に入れていた「プリンセス・ドレス」がそれだが、身体にゆったりとフィットし、歩いたり走ったりするのに十分な身幅があって、短い着丈は清潔と健康に適しているなど、あらゆる点で上品で美しいドレスだった。

この完璧なドレスは、それを着ることになる女性たちからの抗議や要求に応えて誕生したのだろうか？いや、決してそうではなかった。女性たちはこのドレスが完璧であることさえも知らずに、他のすべての衣服に示してきたのと同じ自己満足感を抱いて、それを身に着けていたが、つぎの服従命令が下されると、同じように従順にそれを放棄したのだった。

つぎに登場したのは（g）「シーススカート」で、女性は臀部筋のくっきりした輪郭を嬉々として披露していたが、これがやがてあの愚かさの軽蔑すべき烙印《スティグマ》とも呼ぶべき（h）「ホブルスカート」[3]に取って代わられると、この国の女性たちは自分の両脚の自由を足枷で奪うような真似をして満足しきっていたのだった。

こうした人目を引かずにはおかない愚行の数々に、先に触れた巨大な帽子を加えてみるがいい。バスケットを頭に載せた肉屋の少年みたいに、蝋燭消しのような帽子[4]の下から周りをのぞき見しながら歩き回っているときほど、女性たちが愚かに見えたことはなかった。

しかし、女性たちは自分が愚かに見えていることに気づいていなかった。女性たちは人間の身体の正しいプロポーションについても、人間の頭部の王冠のごとき尊厳についても、何一つ知らなかった。女性たちは先ず、巨大なポンパドゥールで頭部をアシャンティ族風のぼさぼさの髪の塊に変え、それからその頭部を「打ってつけの宿所を頭が見つけることができる／逆さになったゴミ箱」[5]のような形をした帽子で隠したのだった。

他の点では自立した精神の持ち主である女性たちにおけるこの卑屈極まりない隷属状態は、一体どのように説明できるだろうか？　服従命令を下す側の説明には疑問の余地はないが、その命令に服従する側の説明はどうなっているのだろうか？

その説明は以下のようだ。ある特定のファッションが定められ、女性たちはそれに目をやるのだが、それを見ている女性たちの頭は、判断基準が皆無で、判断力も欠けたままだ。それまで一度も音楽を聴いたことがない人に、音楽の演奏を聴かせたとしたら、その人は自身の個人的な反応以外にそれを判断する術を持っていない。選択することも研究することもなく、ありとあらゆる種類の音楽を聴くことを余儀なくされてきた人に、音楽の演奏を聴かせたとしたら、この人の個人的な反応は異質な音楽体験のためにぼやけて、鈍化してしまわざるを得ない。しかし、演奏者あるいは音楽を愛する学生として音楽に精通している人や、音楽の様々な方法を理解し、最良の音楽を聴くことや知的な議論によって趣味を磨いた人に、同じ音楽の演奏を聴かせたとしたら、そのような人は演奏をもっと適格に判断することができるのだ。

私たちが衣服の長所を的確に判断することができるようになるためには、大きな社会的勢力としての織物工芸、衣服の歴史やその進化、その異なった時代や美しさや行きすぎや醜さや粗野な愚行といった基礎的事実についての完全な知識を身につけていなければならない。私たちは世界の様々な重要かつ独特なスタイルに精通していなければならない。私たちが軽々しく「キモノスリーヴ」と呼んでいる袖に見られる「ストレートカット」。古代のメディア王国の女性たちが着ていたようなローブに見られ、今日では広げたときに裾が円形に広がるサーキュラースカートやサーキュラーケープの柔らかな襞《ひだ》に名残をとどめているにすぎない「クロスワイズカット」。別個の衣料品としての「スカート」――ホッテントットを参照のこと。[6]様々な脚用《レッグ》カバーと、いくつかの理由があって、西洋では男性により採用され、東洋では女性により採用されたズボン。その他、様々な基礎品目。

ある特定の衣服が拡大と衰退を繰り返し、早い時期にはゆっくりだったのが、商人たちの圧力が強くなるにつれて速度を速めながら、様々な分野で展開していく様子は、歴史図表の上に示されるべきだ。あの無名の芸術家、織物作家――彫刻家たちが粘土を愛すように織物の仕事を愛し、私たちがその存在を認めるほどに熟知するなら、もともとすばらしい主題によるありとあらゆる種類の変奏を私たちに提供してくれるあの男性や女性を私たちは認めるようになるべきだ。

同時にまた、私たちは児童生徒たちや若い大学生たちに、過去における行きすぎた行為の数々を認識し、それらを嘲笑することを教えるべきだ。エリザベス朝期に男性が着けていた恥知らずな「コッドピース」から、現代の控え目な肩パッドに至るまで、人類が使用してきた広範囲にわたる「体型補正具《インプルーヴァー》」の比較展示がなされるべきだ。男女両性（たいていは女性だが）のためのコルセット、女性の貧弱体型を補うための「バッスル」やその他の種類の詰め物、その反対に豊満体型を女性が抑えようとするための「レデューサー」なども。[7]

衣服に見られる愚かさを理解し、それを軽蔑する方法をはっきりと強い口調で子どもたちに教えよう。

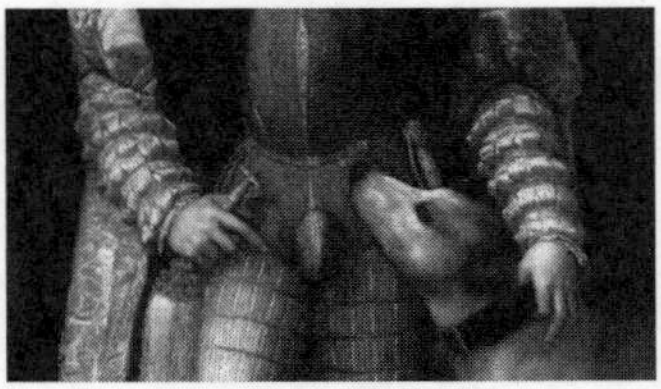

コッドピース

バッスル

人体の強さと美しさを認識させ、それを尊ぶ方法を子どもたちに教えよう。

他の芸術と同じように織物工芸の価値を認めることを子どもたちに教え、何が優れた素材であるかを理解して、それを見分ける方法も子どもたちに教えよう。そして、言葉と絵画の力を最大限に発揮し、ユーモアや諷刺や皮肉や痛烈な嫌味をこめて、あらゆるまやかしの愚かな衣服を知り、それを軽蔑する方法を子どもたちに教えよう。

無思想な私たちを利用して、金儲けを企んでいる輩たちの厚顔無恥な圧力に対して、私たちは明確な知識と訓練された判断力といった強固な対抗手段を講じなければならない。

この訓練にはいくつかの別個の研究分野があり、そのすべてが完全に教えられることが必要だが、学び易いように簡素化してもいいかもしれない。布地と衣装作りの芸術と技巧を深く愛する者たちだけが、私たちの少数の者たちだけが音楽や建築を深く学ぶのと同じように深く学ぶだろう。

身体美の研究という分野があって、健康、活力、自由、気品、完全で微妙な自己表現の領域が含まれている。この最後の自己表現の領域は、モデルを細心の注意を払いながら使うことによって、いきいきと説得力のある形で示すことができるし、映像によって広く提示することもできるだろう。講演「ドレスにおける個人の表現」の講師は、まったく異なるタイプのモデルを登壇させる。モデルたちは先ず全員が同じような衣服で紹介されるが、身に着けているのは最も簡素で、これといった特徴のない、たとえば上下続きの「ユニオンスーツ」(8)のような衣服だ。このモデルたちが同じような衣服を着て、同じ位置に立っている傍らで、講師はモデルAの特別な力と威厳にあふれた態度、モデルBの穏やかで優美な姿勢、モデルCのか弱くほっそりとした容姿、モデルDの機敏な活動を暗示するような挙動、モデルEの華奢で洗練された物腰を指摘する。

つぎに五人のモデルは、やはり全員が同じ格好で、トルコの「フェリゲク」と呼ばれる修道服(9)を着用して登場するが、衣服の形態によって個性のすべてが失われてしまうか、少なくともぼやけてしまうことを示すためだ。

それから、日本、中国、ギリシア、クエーカーといったよく知られたタイプの衣服を五人のモデル全員に着用させる。こうすることによって、優れたタイプの衣服は、何人かのモデルたちには他のモデルたちよりも「似合う」ということはあっても、全員の本領を十分に発揮させ、豊かな自己表現を可能にすることが示される。

時間の許す範囲内で、そのことはたっぷり示されることになるが、その典型的な衣服を身に着けている間ずっと、モデルたちは様々な位置について、立つ、座る、屈む、歩く、走る、踊るなどの様々な動作を繰り返して、ある特定の衣服はいくつかの姿勢や動作の点で他の姿勢や動作よりももっと適していることを示すのだ。

それから、一度に一人ずつ、モデルは自分だけの特別な個性を目立たなくさせたり、際立たせたり、完璧に引き出したりするように選ばれた、様々な衣服を身に着けて登場し、五人全員が最悪の状態と最高の状態を披露したところで終わりを迎える。

この部分は、似合っているかどうかについての特別な研究に関わっているので、細かい点にまで注意して実施される。たとえば、五人のモデルは横を向いていて、髪の毛は頭の後ろの、聴衆から見えない側にきれいに撫でつけられているが、それは髪の毛があっても、モデルたちの頭がどのような形をしていて、どのようにそれが支えられているかを最大限に示すために他ならない。

つぎに、モデル全員が同じシンプルな髪型をしていることが示される。つぎに、一度に一人ずつ、モデルの髪型が様々にアレンジされ、それぞれのヘアアレンジによって、どのような変化が顔や頭に生じたかを、講師が丁寧に解説する。非常に秀でた額をした、中世イタリアの女性の美の理想は、眉毛まで垂らした髪の毛のもたらす官能的で非知性的な効果と対比させられる。

つぎに、それぞれの髪型がモデルの個性を最大限に発揮するようにアレンジされる。ついでに言えば、ある特定の髪型がある特定の衣服に関係していることが示され、一例として、首の横から後ろにかけて広がったメディチ・カラー[10]なのに、襟首に髪の毛を大きく盛り上げるなどといった、あの最近目撃された大失敗が具体的に挙げられたりする。

もう一度、一人のモデルが無地のきれいなドレス、髪型、帽子という格好で登場し、装飾の基本原理が例証される。

髪の毛がきれいに巻かれたり、たっぷり編み上げたり、柔らかく盛られたりするモデルの頭に、様々な装飾品が最初は別々に、つぎには一緒に置かれ、正しい装飾、間違った装飾、過剰な装飾の効果が示される。輪郭が完璧で、とてもよく似合う帽子も、付け方を間違えた装飾や過剰な装飾のために不完全で似合わなくなるが、正しい装飾によって美しさを取り戻す。ここでのわかりやすい実例は、飾りリボンの付いたスコットランド高地人のグレンガリー帽、素朴で軽快な羽根飾りが付いたチロリアン・ハット、長く伸びたダチョウの羽根飾りが付いたキャヴァリエ・ハットだ(11)。それぞれの飾りを取り換えて、その効果を観察してみよう。

衣服についても同様だ。豊かな襞になって垂れている、柔らかな光を放つシルクは、聴衆の目の前で、重くて堅いふち取りのリボンを付けたせいで台なしになってしまう。おしゃれで、申し分のないテーラードスーツは、レースやビーズを付けたせいで間が抜けてしまう。薄靄《うすもや》のようなモスリンは、付け加えられたスパンコールやフリンジの重みのせいで、あっという間に消え失せてしまう。

最後に、それぞれのモデルは、それぞれの個性に最もふさわしい種類の衣服の完璧なタイプを身に着けて登場するが、その衣服はそれ自体が美しく、動作の完全な自由をいかなる形でも妨げることは絶対にないのだ。

このような講演は極めて啓蒙的であると同時に、迫真感があって興味が尽きない。私たちは膨大で、増加し続ける量の情報、男女を問わず、すべての人々に遠く広く伝えられる明確で力強い説明を必要としている——男女を問わないのは、第一に女性の衣服をデザインすることによって、第二にそれを褒めそやすことによって、男性は女性の衣服という愚行に対して大きな責任を負っているからだ。

いや、男性代表としてのスミスさんに申し上げるが、これはあなた個人があなたの奥様が着ている衣服を褒めそやしている、という意味ではないが、あなたやあなたと同類の男性たちが「スタイリッシュに着飾った」女性たちを褒めそやしたり、機嫌を取り結んだりしていて、あなたの奥様もそのことを知っている、ということを間違いなく意味しているのだ。

この衣服の物理的側面に関する知識に加えて、私たちはその倫理的価値に関する深い洞察力を養わなければならない。ここでもまた私たちは私たちのいわゆる心理学にたどり着くが、それは個々の衣服と、選択することも抵抗することもなく与えられる衣服を私たちに受け入れさせる私たちの潜在的な弱さとの両者に対する精神的反応を指している。

今日の世界の状況は、政治的統一体としての国家に根深い悪事が存在していることを確かに示している。いずれも深刻で、いずれも否定できない悪事が、つぎつぎに暴露されるかもしれない。しかし、それらの悪事のなかで、私たちの精神活動における機能的障碍のすべては、それ自体において深刻なだけでなく、結果においてもまた予想不可能な弊害をもたらす。私たちは人生の諸問題に曇りも偏見もない精神、自由な精神、強い精神、賢明な決断を下し、その決断に基づいて行動する精神をもって立ち向かっていないのだ。

衣服は人生における唯一の決断の対象ではないし、女性たちが唯一の人類でもないが、女性たちは人類の非常に重要な半分を占めていて、衣服は女性にとって一刻の猶予もならない重要問題だ。この唯一の活動領域における全国的規模の反乱で、女性が一度だけでも頭をもたげるなら、女性が「私たちはもう決して衣服の行商人のための歩くマネキン人形になったりしません」と決意を一度だけでも表明するなら、この問題に関して女性たちが思いを巡らし始め、それをずっと続けるなら——他の様々な問題に関して思いを巡らすことがずっと容易であることに気づくだろう。いくつかの分野でどんなに賢くて強い人であっても、他の分野で弱く愚かであるなら、全人格が弱められてしまう。その反対に、どんなに弱く愚かな人であっても、何らかの分野で賢くて強くなり始めるなら、すべての分野で賢くて強くなることに役立つ。ファッションに関する女性たちの愚かな服従は、男性のファッション、風習や習慣による支配、いきなり決断せずに行動し、それから決断に基づいて行動するといった全般的な意志薄弱などに関する男性の愚かな服従を助長してしまう。

世界は古めかしい習慣、風習、仕事のやり方、心の持ち方で溢れかえっている。世界の全体的な進歩はその古めかしい制約を着実に克服している。何にもまして、私たちは**見る力**を必要としている。私たちを取り巻く環境の混乱を見渡す力、私たちのすべてが進むべき共通の方向と私たちの役割を見極める力だ。そして、何よりも重要なことだが、私たちは**行動する力**を必要としているのだ。

一つの分野で得られた力はあらゆる分野において役立つというのは、心理学における興味深い事実だ。「あなたはわずかなものに忠実であったから、多くのものを管理させよう」と聖書にも記されている。[12] 勇気、勤勉、忍耐——私たちが家庭や学校や友人の間で積んでいる美徳が何であれ——これらの美徳を重要な公的行動においても私たちは活用することができる。この絶対に必要でない隷属状態から、女性たちが自分自身をきっぱりと解き放ち、自分自身の判断と自分自身の意志を衣服に対して発揮し始めるなら、それが女性たち自身だけでなく、息子や兄弟や夫などの男性たちにも及ぼす精神的影響は計り知れないほど重要になるだろう。

人為的に肥大化した衣服市場の破壊は、経済的にはすばらしい、非常にすばらしい事柄だろう。私たち女性の健康と美が増進するのは、もう一つのすばらしい事柄だろう。だが、何よりもすばらしいのは、女性たちの正面を見据える顔、大胆な眼、明晰な判断、強くて効果的な意志だ。自由で、強くて、健康で、行動的で、優雅で、迅速な女性という人種。何をなぜ欲しいかを知り、それを手に入れるために断固とした行動をとる女性という人種——この女性たちが同じように力強くなった男性という人種を誕生させるのだ。

第二章

Hope and Comfort

望みと慰め（1）

将来、人間精神が自由で活発になったとき、衣服の変化のような簡単な改良をするように仕向けるために、人々に懇願する必要があったということは非常に奇妙に思われるかもしれない。

社会進歩の足取りには、人種憎悪や階級偏見の撤廃のように、長い時間がかかって、ゆっくりで、困難なものがある一方で、女性の経済的な地位の完全な再編成のように、現役世代の手には届かず、即時の達成を求めるすべもないため、努力目標とするしかないものもある。この女性のための衣服の問題と対峙する私たちが抱く安心感は、ある意味で女性の弱さそのものが女性の強さに他ならないということだ。女性はどのような種類の織布や色や形に対しても偏見を一切持っていない。女性は他から強制された変化に長年にわたって服従させられたために、完全に「飼い慣らされて」いるという理由で、別の新しい変化に反対する力を持ち合わせていない。それゆえに私たちはあからさまな敵意を克服しなくてもいい。意志もなければ使われてもいない精神の荒野に足を踏み入れて、そこを開拓しさえすればいいのだ。

さらに、それとは別の安心感、大きな安心感もある。これまでよりも賢明で美しい衣服の採択によって傷つくのは、いま現在、私たちの愚かさによって利益を得ている業者たちの他には誰もいないが、この業者たちは二つの点で傷つくにすぎない。その一つは、過剰な生産の制限という点だが、私たちが衣服に知性を働かせると、過剰な生産は必然的にカットダウンされることになるからだ。もう一つは、途切れることのない購買意欲をかき立てるために、必要でもない「目先の変わった商品」の洪水を企画するという特別な仕事だ。私たちはこの業者側の反対の規模に対して十分に配慮しなければならないが、それはかなり強固な反対であるからだ。「繊維製品」業界全体が縮小されることになるので、ドレスメーカー、婦人帽子職人、あらゆる種類の顧客、それに数知れない薄葉紙の型紙の製作業者――これらすべてが業界の縮小に強く反対することになるだろう。

しかし、すべての新しい機械の進歩が特定の職種を制限し、変化させ、終止符を打つのと同じように、この業界の進歩においても同じことが起こる。鬘《かつら》が流行遅れになったとき、路頭に迷ってしまった理髪師や鬘の製造業者に同情していたからといって、男性たちがあの馬毛でできたおぞましい鬘をかぶり続けることはなかった。私たちが必要とする布地や衣服を作るためには、常に一定数の職人が必要とされるし、織物と衣服と装飾の新しい材料や新しいパターンの美、それも本当の美で世界を満たすためにも、一定数のデザイナーが必要とされる。だが、ばかげて、醜くて、なくてもいいような衣服を、それを作っている数多くの人たちが報酬を求めているというだけの理由で、私たちが身に着けることを期待することには何の正当性もなければ経済性もない。

肥大化した企業への干渉に対する業者たちや職人たちの抗議との対比において、ファッションの速い移り変わりに絶えず傷つけられている数多くの労働者たちが現在示している抗議に配慮すべきであることもまた私たちは忘れてはならない。一年のある時期に数多くの労働者たちが雇用され、別の時期になると失業してしまう「季節雇用《シーゾナル》」的な職種があるかと思えば、需要が突然増えた新しい商品を作る技術を習得しようとしていたのに、その商品の需要が突然なくなってしまったために解雇される他の労働者たちがいつでも数多く存在しているのだ。

衣服の素材と衣類製造のための健全なマーケットがもたらす多くの貴重な結果の一つは、一定数の労働者のための安定した仕事だろう。こうして、はるかに高度の技能が磨かれ、仕事に対するより深い理解と愛情が育まれることになる。と同時に、それを支え、それとともに成長する形で、果てしなく変化する新しいファッションの旋風《サイクロン》のなかで根づくことができない強く優れた鑑賞力、鍛え抜かれた明確な美意識が生まれる。ファッションの速い流れのせいで、私たちのほとんどは耳も聞こえず、声も失ったまま、そのサイクロンによって運び去られているが、あらかじめ決められた無難で単調な衣服をまとったり、極貧であることを無気力に認めたりして、言わばサイクロン退避用地下室にしゃがみ込んでしまっている者たちもいる。真の意味の知性を積極的に働かせれば、私たちは消費者と生産者の双方に有利に働くような平衡状態を見いだすことができるだろう。生産者たちは反対すべきではないが、反対するに違いない。

先に触れた労働者たちのグループの抗議との対比において、私たちは画家や彫刻家、医者や保健師、男女を問わずすべての理性的で洞察力のある人々のサポートを手に入れることになるだろう。それに、私たちは収入の増加、必要でないものにとてつもなく多額の金を使わないことによる収入の増加という満足を手に入れることになるだろう。私たちは芸術的にも経済的にも潔白な良心、より健康でより美しい身体、より強くてより明晰な頭脳を手に入れることになるだろう――このすべてが私たちの感じる慰め、私たちの抱く望みなのだ。

私たちが望んでいるのは一体何だろうか？　多くの女性が「私たちに何を着ろとおっしゃるのですか？　どんな衣服を提案なさるのですか？」と私に聞いてくる。

ここには長年にわたる服従の及ぼす影響を即座に裏づける証拠（さらなる証拠が必要ならば）が見られる。自由になりたい、どうにかこうにかして自分自身の趣味と嗜好のおもむくままに生きられるようになりたい、という切実な願望が見えてこない。個人的な選択からの要求は一切なくて、先達から先達へおずおずと渡り歩きながら、「何を着るべきだと先生は言われるのですか？」と尋ねることしかしていないのだ。

誰かが「完璧な衣服」をデザインしてくれないだろうか、という願いを「ファッションの専制」に対して無駄な抵抗をしている女性たちが口にするのを耳にすることがある。すべての人間が四六時中着ることができる完璧な衣服などは存在しない。個人でさえも、同じ種類の仕事をしながら生涯を過ごすのでない限り、どんな衣服であれ、永遠に完璧であることを発見したりはしない。いや、この衣服の問題における世界の希望は**完璧なドレス**の発現にはない。それは個人の趣味、教養のある趣味の育成、それと同時に、強固で実行力のある意志の育成にあるのだ。人間が違っているのと同じように、衣服も違っていなければならない。さもなければ衣服はたった一つの重大な機能、個性の表現という重大な機能を発揮することができない。現在、多くの場合にそうであるように、衣服が職業によって違わねばならないことは言うまでもない。同じ一つの衣服がすべての女性に押し付けられる新しい体制《レジーム》を恐れる必要はない。これは決して新しい体制ではない。それは現在では東洋《オリエント》で見いだされる。

一つの新しい体制は私たちにつぎのような状況をもたらす――

Ⅰ　身体の健康と活動と美しさの基準が非常に高くなって、私たちは身体に有害な衣服や何らかの形で体力を制限するような衣服を身に着けることに同意しなくなるだろう。

Ⅱ　真の経済観念が非常に鋭くなって、私たちは自分から進んでつまらない衣服を買ったり、素敵な衣服を捨てたりしなくなるだろう。私たちは衣服を選んだり仕立てたりする私たち自身の才能に強い誇りを抱くようになり、「流行の最先端」に対する現在の愚かなプライドを捨て、「このドレスを私は六年間着ています！」と高らかに宣言するだろう。

Ⅲ　繊維工芸《テクスタイル・アート》の領域や、デザインの歴史、衣服の進化に関する非常に深い教養のある鑑賞力が備わって、私たちはドレス地や衣類を真の鑑識家《コノサー》のように称賛したり理解したりするようになり、現在のように、「これはどれほど新しいのか？」などと日付だけで判断したりしなくなるだろう。

Ⅳ　個性の表現に対する非常に的確な感覚が備わって、女性の衣服は、まず体格と職業によって決定され、つぎに折々の気分によって微調整される、女性自身の一部分となるだろう。

着替えの衣服を何着も持っていたいと思う女性がいるだろうが、そのような女性は衣服を何着でも手に入れればいい。身にまとってボタン一つで留めることができる、自分にぴったりの快適なガウンが一着あれば、言葉で言い表せないほどにうれしいと思う女性がいるだろうが、そのような女性はそのガウンを手に入れればいい。衣服のデザインを変えることに創意を凝らす女性がいるだろうし、自分よりも賢明な女性たちの手掛けたデザインを嬉々として受け入れる女性もいるだろう。

その結果はつぎのようになるだろう――

ハイヒールやコルセットのようなすべての有害な衣類や、肩パッドや腰当て《バッスル》のようなすべての不必要で誤った衣類の排除。さらに、正常な規模にまで削減される衣服の取引量。こうして金と時間と人間労働の大幅な削減が約束される。

女性だけでなく人類全体に影響を及ぼす、身体の健康と美しさの大幅な向上。

真の繊維工芸と、衣服のデザインや仕立てといった関連する技術のすばらしい発展。

美と栄光にあふれた衣服の新しい世界。女性の衣服が非常にしばしば嘲笑や非難や軽蔑の対象となっている現在の世界は、この新しい世界に取って代わられる。

美とか性的魅力とかいった主題に関しては意見が非常に混乱していて、露骨なセックスアピールのない作りの女性服は美しくないのではないか、と多くの人が懸念している。

これは間違っている。人間としての美しさ《ヒューマン・ビューティ》は性的な美しさ《セックス・ビューティ》をはるかに超えた何かだ。多くの女性は、私たちの真の美の基準にさえ遠く及ばないかもしれないが、それでも異性にとっては逆らいがたい魅力を備えている。他方、高貴なまでに美しいが、異性を魅了することができない女性もいる。

私たちが必要としている美しさとは、人間としての美しさ、女性の高い地位と力を意識しているあの厳粛で甘美で高貴な女性らしさだ。威厳と自由の美しさであって、必要不可欠な男性の目を惹くようにデザインされたスパンコールの熱に浮かされたような輝きではない。

そのような変化を女性の衣服にもたらすのに役立つ最も強い力の一つが、その自由という基本的な力であることは明らかだ。金に困って、男性に依存している女性は、着たいと思う衣服を着ることができず、着ることを余儀なくされている衣服を着なければならない。自由な女性は自分自身の衣服を選択する自由を要求するのだ。

もう一つの役立つ力は、新しい職業に就いて、その仕事を専門にしている女性たちの多様性の拡大だ。すべての女性が同じ仕事、つまり家庭内の無給労働に携わっている場合、より強く個性を発揮している女性と比べて、恣意的に選んだ衣服を着せることがはるかに容易なのだ。

政治的独立もまた大いに役立つ。それは女性の権力意識、個人の尊厳感覚を増大させる。ハーレムの女性奴隷や台所の女性料理人は、人形や飼い慣らされたサルのような衣服を自分から進んで身に着けるかもしれないが、女性市民《クイーン・デーモス》は人生に対して新しい姿勢で臨むだろう(2)。

そのような女性服の改良は、女性に対する男性の感情に大きな影響を及ぼすだけでなく、それ自体が女性の社会進出に力を貸すことになるだろう。男の子と女の子が同じ服装をしていれば、男の子が非常に早い時期から女の子を見下すことはなくなるだろう。「ここにいるのは女の子です」と絶叫する以外に、何の役にも立たない、あの頭で揺れる、ばかっぽい、派手な色の大きなリボンを、男の子が軽蔑するのも無理はない。自由な動きを妨げるか、体をあられもなく露出することになりかねない女の子のフロックの薄っぺらな生地とばかげたデザインを、男の子が軽蔑するのも無理はない。

女の子は生まれつき男の子に負けず劣らず大きくて、強くて、行動的で、敏捷だ。私たちは不自然な手段で男の子と女の子を分け隔てて、女の子の自由を束縛し、同時にまた、将来にわたってずっと足枷になる性意識と「衣服意識」を、用意周到抜かりなく女の子のなかに植え付けている。

若い女性が男性の気を引くような服装をしていなければ、若い男性は若い女性と誠実な交友関係を保つことがずっと容易であることに気づく。青年期の興奮しやすい感情にとって、対等の自由で親しい付き合いに優る安全装置はないが、それは男女両性が自然に引かれ合う力に不自然な神秘性や特異性を付与したりすることなく、私たちに共通の人間性に基づく相互の理解と尊敬を維持させるからだ。

女性の衣服に浴びせられる数多くの非難のなかでも最大の非難は、それがあまりにも圧倒的に性的であるというものだ。私たちはいわゆる「下等動物」を見習って、その特別な性的装飾がオスに限定されているだけでなく、しばしば交尾期にだけ現われるということを思い出すべきだ。私たちは雄クジャクの尾羽を雌クジャクの背中に着けるような真似をしているだけでなく、あわれな雌クジャクは四六時中その尾羽を広げて見せびらかさなければならないし、その美しさのゆえに雄クジャクから食べさせてもらっている場合にはなおさらだ。雄クジャクは交尾の目的とオスとしての絶対的なプライドを示す目的のために、あの青緑色に光り輝く尾羽を広げ、雌クジャクは腹をすかしたときにはいつでも、それを広げなければならない。

この病的な性的活動の全領域は、私たち人類の悪しき特性になっているが、女性の衣服から性的特徴が除かれるならば、それは極めて健康的な影響を受けることになるだろう。

子どもが美を愛する自然な気持ちは、男の子であれ、女の子であれ、同じように注意深く育まれ、満たされ、教え込まれねばならない。若い人々は美を研究するように奨励され、真の意味で美しい衣服を与えられねばならない――男性も女性も同じように。

女性の衣服における正常性《ノーマリティ》への回帰は、男性の衣服における同様の正常性を伴うことになるだろう。男性が現在のようにくすんだ色合いの単調な服装のままでいるのは、世界にとって何の利点にもならないのだ。

簡単に言えば、私たちは性的特徴を抑え、人種的特徴を強めるように、私たちの衣服を変えなければならない。

女性における個人的な趣味の解放は直ちに男性に反映され、現在、女性が示している、男性よりも高い美意識は、娘と息子の両方に受け継がれ、教え込まれる。

長い間使われなかったために青ざめ、弱り果てている私たち女性の貧血症気味の想像力にとって、現在、購入して、身に着けることができる品々について、一つか二つ具体的な提案をすることは有益であるかもしれない。

多種多様なニットのアンダーウェア、それと同じようなモスリンやシルクのアンダーウェアは、シンプルで快適な形のものが入手できる。スカートとボディスがつながった服や、下着《ズロース》とボディスがつながった服も。ニッカーボッカーも手に入る。また、必要とあればバストサポーターの働きもする様々な形の「ブラジャー」も。長靴下は、腹部カーブの下に着用して、両脇と背面のより重い筋肉でしっかり支えられている緩いヒップガードルで、身体を傷つけることなく留めることができる。

不格好でもなく痛くもない靴は、売り渋る職人から無理やりに買い取ることになる。そのような靴を専門に作っている製造業者の数はごくわずかだ。継続的な需要が供給量を増やすことは言うまでもない。

帽子は、現時点では、とても素敵な形とサイズのものを見つけることができる。

靴の場合を唯一の例外として、これらの品々のすべてにおいて、大きな問題は何一つとしてない。だが、この靴の場合でさえも、フレンチヒールや、ほぼ同じ高さのキューバンヒールは、不買運動という単純な方法によって、一年も経たないうちに追放することができるかもしれない。何千何万という女性の安定した需要があれば、ローヒールの靴は工場での製造が間に合わないほどのスピードで出回ることになるだろう。

衣服に関して言えば、一九二五年一二月の現時点で[3]、非常に快適で美しい種類の衣服をレディメイドで購入したり、顧客の注文に期間限定で応じてくれるドレスメーカーに作らせたりすることが可能だ。快適でもなければ美しくもない類いの衣服が数多くあることも確かだが、素敵な衣服を手に入れることができるというのは有難いことだ。

毛皮のハイカラーは、気管支のあたりを四方八方から吹く風にさらしていた当の女性たちによって、現在、辛抱強く受け入れられているが、この新しいファッションは受け入れなくてもいいし、不必要なまでにボリュームのあるスカートについても同じことが言える。

こうした事柄に言及するのは、良識ある行動を始めたいと願っている女性たちのための「安全地帯」が現時点でも存在するということを示すために他ならない。

第二のステップは、あくまでもやり通すことだ——思慮のない行動のために良識ある行動を捨てるような真似を絶対にしないことだ。

第三の最も重要なステップは、独立独歩の道を踏み出すことだ。他から際立っているオリジナルな自分流の趣味を養うことだ。独自の発明をするか、特別な個人的スタイルを選び取って、それにこだわり続けることだ。

第四のステップは、新しい企業、新しい種類のドレスメーキングのための会社を立ち上げることだ。

そのような企業、まったく申し分のない企業、「産業の殿堂《パレス・オブ・インダストリー》」と呼ばれて然るべき企業に潜入してみよう。

そのレセプションルームには見事な彫像、歴史に残る典型的な衣服の写真、衣服の進化、繊維工芸や装飾芸術に関する書籍などが展示されている。非常に興味深いキャビネットに収められた小さな立像《フィギュリン》たちは、特定の時代や種族の衣服をまとい、ある特定のファッションの栄枯盛衰の流れを示すように配置されている。たとえばクリノリン流行の直前に身に着けていた糊のきいたペチコートの枚数の増加とか——私の知り合いのご婦人は一八五〇年ごろにペチコートを九枚も着用してパーティーへ出かけたのだった——さらにはクリノリンが次第に消えていく一八七〇年代の初めの膨らみの小さな釣り鐘型のペチコートとか。

そこには様々な織物やレース模様のパターンなどなどの見事な見本帳《サンプルブック》も置かれていて、色彩や素材などを選ぶための完璧で信頼の置ける拠り所になっている。

つぎに現われるのはもっと大きな展示室で、標準的な織物すべての見本が置かれ、様々なタイプの衣服をマネキンや動き回っているモデル、試着を希望する女性の顧客が身に着けている。ここには大型の姿見鏡《スタンドミラー》が置いてあり、奥行きのあるクローゼットには美しい衣服のサンプルがぎっしり収納されている。

相談に応じるエキスパートは豊かな経験と深い学識、鋭い色彩感覚、個人的特徴に対する透徹した洞察力を備えた人物――診断医と処方者を兼ねたような人物で、顧客が口にした衣服の特別なタイプと種類を指摘することができる。この展示室で顧客は自分の希望を述べて、その理由を説明し、特定の色彩や組み合わせについて助言を求め、分かりやすくて親身な受け答えをしてもらうことができる。顧客が頭で思い描いている衣服の説明が舌足らずであっても、文献や絵画やフィギュリンなどへの素早い参照によって、言いたいことが十分に伝わるようになり、顧客の希望していた結果があっという間に生きたモデルによって具体的にはっきりと示される。

「それだわ!」と顧客は喜んで叫ぶ。「美しいだろうことはわかっていたのよ。それと似たのをお願いするわ!」

指し示されたサンプルのなかにさえ、自分好みの商品がない場合、顧客は安心してこのエキスパートの意見に従うことができる。型、サイズ、色合い、当人の身のこなしなどすべてが注意深く検討された結果、これこれの種類のドレスはいかがでしょうかという提案がなされるので、衣服のことで思い煩いたくない女性たちは、そのような有能で公平無私な案内役《ガイド》の「手に身を委ねる」ことに心から満足できるのだ。いまどきの女性たちが無情なファッションメーカーたちに思い切りひどい目にあわされても満足しきっているのと同じ程度に。

デザイン室は建築事務所に似ている――窓は広く、清潔で、大型の製図用テーブル、線や色を処理するための様々な器具などが備え付けられている。明るくて、風通しがよくて、美しい作業室は、腕のいい裁縫婦《ニードルウーマン》たちで埋めつくされているが、自分たちの仕事に関する教育を全員が十分に受け、その仕事を愛している。

ここで自宅の新しい持ち衣裳《ワードローブ》のことをもう一度考えていただきたい。一番内側の衣服から一番外側の衣服まで、文句なしにあなたにぴったりな衣服をあつらえたという深い満足感と安心感のことを。そして、空騒ぎをすることも不安を覚えることもなく、そのような完全に満足できる衣服を十分な数だけあつらえたり、レディメイドで購入したりすることができるということを。そして、その衣服を長い間着て古くなり始めるまで、衣服のことなど二度と考えなくてもいいということを!

こうして得られた結果は決して単調さではない。似合っているかどうかなどにはお構いなしに、誰もかれもが「みんな」の着ているものを着なければならない現在の単調さからはほど遠いのだ。

世間にはたった一つの種類の衣服をいつまでも着ていたいと思う女性がいるかもしれないが、そのような女性は多数派ではない。私たちのほとんどすべては、ときどき衣服を取り替えるのが好きだ。その着替え用の衣服は何百着あるとしても、それらは例外なしに美しい。

誰かぽっちゃりした縮れ毛の女性が、思い切り派手な花模様の綿布でできたドリー・ヴァーデン風のドレス(4)を着たくなったら、ストレートで袖の長い中世風のヘビーシルクのガウンにこだわる別の女性の傍らであれ、薄手のモスリンのスレンダーな「エンパイア・スタイル」のドレス(5)を選んで、美しく着こなしているもう一人の女性の傍らであれ、とやかく批判されることなく、そのドレスを身に着けていることができる。

回り続ける運命の女神の紡ぎ車のように絶え間なく変化するファッションのなかに、私たちはいま、様々な差異を見いだしているが、この差異はこれから先、いつでも突然に見いだすことになるかもしれない――私たちがその差異を望むならばだが。いま、私たちは全員が同じ種類のばかげたドレスを着て、同じ格好になっているが、つぎには別の種類のばかげたドレスを着て、全員が同じ格好になったりする。だが、私たちは全員が違う格好になることもできる――その気になりさえすれば、仮装舞踏会のようにてんでばらばらの格好になることもできるのだ。

だが、現実には、つぎのようになる可能性が高いだろう。通常の仕事の場合、快適性と利便性のために、執務時間中の女性はほとんどが同じような服装をするだろう。現在の男性の陰鬱なまでに画一的な服装ではないにしても、同じような服装であることに変わりはない。仕事が女性に似つかわしい場合には、服装も女性に似つかわしく、良識の範囲を超えることはない。だが、勤務時間が終わって、家でくつろいだり、どこかで遊んだりしているとき、女性たちの世界全体が心ゆくまで咲き誇り、色とりどりの花々の美しさに包まれるだろう。

人間の肉体は一個の生命体だ。肉体の一部が病気にかかっているのに、残りの部分が完全に健康だということはあり得ない。進行性委縮症に侵された特定の部位を放置しておくだけで、血液の循環や健康全般に被害が及ぶ。同じことは人間の精神にも言える。精神の一部にどれほど懇切丁寧な教育を施しても、残りの部分が白紙のままだと、聡明な人間が生まれることはない。あるテーマに関して推理力を働かせたとしても、頭脳が他のテーマに関して全然使われないなら、論理的な思考ができる人間が生まれることはない。

人生の大きな活動領域において、私たちが積極的に愚かだったり、消極的に非理性的だったりする状態が続くと、調和のとれた精神の発達が阻害される。この女性の衣服という問題が重要である主たる理由は、それが女性たちの精神、ひいては全世界の精神に影響を及ぼすということだ。女性が人間としてのすべての能力と技能において急速に成長することは、私たちの進歩にとって計り知れない重要性を持っている。この女性の成長は、女性が性的人間であるという理由で、恐れられ、嫌われ、反対されているが、人生における女性の役割は完全に実用的であって、性的関係の実行と家庭内で行う一群の低俗かつ原始的な仕事の遂行にのみ限定されているというのだ。

女性参政権問題を扱ったギルマン の詩集

女性の進歩はこれまで途方もない努力によって達成され、その過程において、女性は女性としての機能だけでなく、人間としての機能を備えていることが繰り返し証明されてきた。女性に対する世論の変化は、目に見える形での達成によってもたらされる。私たちの進歩の現段階において、進歩を抑止する最も強い要因の一つは、女性の衣服の古色蒼然たる滑稽さだ。

女性は現在、参政権を熱烈に要望、いや、権利として要求している。(6) 論者は「参政権の行使は人間的だ。私は人間だ。人間として扱ってもらいたい」と強い口調で主張しているが、女性の下着の内なる秘密を白日の下にさらけ出さずにはおかないショーウィンドーに陳列されたり、晩餐会や舞踏会でむき出しの首やむき出しの肩やむき出しの背中やむき出しの胸やむき出しの腋の下の淑女たちがお召しになったりしているのを世の男性が目にするのは、「私は女性よ！　女性として扱ってね！」と男性に向かってわめき立てているも同然のドレスに他ならない。

そして、男性はわめき立てられているとおりのことをしてやるのだ。

男性的思考にとって、到底信じられないのは、あの超性的《ウルトラセクシュアル》な靴——あの足を魅惑的な装飾物に変貌させることを至上の目的としている靴を履いたり、あの見透かされるために作られたことが歴然としている下着——包んだり隠したりするためではさらさらなくて、想像力を刺激したり、品位のある裸像以上に見る者を興奮させたりするために作られた下着を身に着けたり、あのありふれたカーテン地にすぎないのに、いまにもずり落ちそうに見えるだけでなく、そのように見えることを意図して作られた夜会服《イヴニングガウン》（この上品な名前にふさわしくないドレスだ）——恥知らずな現代人でも露出するのをいささか恥ずかしく思うものをひと目にさらさないために、腋の下に剃刀《レザー》を当てる必要があるスリーヴレスな衣服よりもはるかにずっと悪質な夜会服を身にまとったりすることができる人間——そのようなことができる人間が論理的な思考ができる人間、人間的な人間であって、最も大きな「F」のイニシャルで始まる女性《フィーメイル》[7]では絶対にないという事実だ。

その事実を信じることができない男性的思考を私たちは非難できるだろうか？

ファッションの愚かしい支配に自分から進んで身を委ねていることが明白な私たちだというのに、一体いかなる論理によって参政権という自由の一種を要求することができるのだろうか？

もちろん、男性的思考そのものが完全に論理的であるならば、自分のことを棚に上げて女性の悪口を言うばかりで、女性からの反論を期待しないということはあり得ないことに気づくだろう。一九一一年の報告に示されている八千五百万ドルに上る葉タバコ生産量や、一九一三年の一年間に合衆国で飲み尽くされた二十二億三千三百四十二万四百六十一ガロンの蒸留酒と発酵酒とワインに女性が注意を促すとしても不思議ではない。男性が意志薄弱で愚かなせいで、このような薬物習慣に耽っている限り、愚かな女性には参政権を得る資格がないなどと言い立てるのは、男性に似つかわしくもないことだ。もし愚かさや、意地悪さえもが選挙権の失格要件になるなら、非常に制限された選挙になってしまうだろう。

だが、非難の応酬は男女いずれの側も弁護しない。男性は様々な罪を着せられながらも（その上、妻子にまで着せられながら）依然として世界を動かし続けることが可能であり、他方、女性は現在、その男性の作業に力を貸す権利と義務を要求しているだけでなく、女性が世界をよりよい目的に向かって動かすことができると主張しているのだ。

女性の叡智と高邁な目的と実効性のある人間力を証明するさらなる機会を、男性に要求しなければならないのは女性だ。女性は現在、そのような立場に置かれているので、女性がまったく非の打ち所がない存在であることは、計り知れないほどに重要だ。悪習や犯罪に関して、女性は男性よりも履歴がクリーンであることを示してきた。勤勉で誠実であることも証明されている。多くの場合、夫の収入を賢明かつ注意深く使っている。もろもろの限界にもかかわらず、男性の評価において、女性は依然として高い地位を占めている。

とすれば、そうした限界を乗り越えたとき、女性は一体どのような地位を占めることになるだろうか？　ばかげたハイヒールを履いてよちよち歩き回り、路面電車の乗り降りに手を貸してもらわねばならず、うわべだけの賞賛を示すあからさまな注視やひそかな盗視を明けても暮れても誘っている、この見事な飾り物としての女性ではなく、強くて、分別があって、行動的で、心身ともに能力と活力にあふれた対等な市民としての女性を、男性が自分たちの周囲に見かけるようになったときのことだ。

女性の衣服の来たるべき変化は、衣服《コスチューム》の変化ではなく、思考《マインド》の変化なのだ。それはまた肉体《ボディ》の変化でもある。そ

（右）雨の日の短いスカート
（左）地面に引きずる裾の長いスカートの風刺画

れはあたかも女性が矮小な存在であることをやめて、突然大きく成長し、人間として十全な成長を遂げたかのような変化だ。それは異なった種類の女性を意味している。新しい種類の自尊心、新しい威厳、新しい特権を身につけている女性、わずか数年の自由と適正な判断を経験した結果、かくも長きにわたって、自分から進んで笑い者になる気を女性に起こさせてきた奇妙な催眠術に驚嘆するような女性を意味しているのだ。

　これはドレス改革のための運動ではない。特別な種類の衣服も必要でなければ、おぼつかない足取りの前進において互いを助け合うための面倒な団結も必要ではない。地面に引きずるような長いスカートの時代に、雨の降る日に短いスカートをはく女性たちの小さなクラブがあったように――この女性たちは「レイニー・デイジーズ（雨に濡れたヒナギク）」と呼ばれていた。(8)

　必要とされているのは、個人の判断と個人の意思を発揮することだけで、この両者はそれぞれを発揮することで、さらに一層強化される。女性の進む道に本物のライオンなどはいない――そこにあるのはただの誤った考え方だけだ。私たちが奴隷みたいに言われたとおりのことをしているのは、そうしなければ何か恐ろしいことが降りかかるかもしれないという印象を抱いているからだ。だが、現実には何も降りかかったりはしない。どうしてそんなことが起こり得るのか？　理性的であることに対する法的刑罰などは何もないのだ。

「おお。でも、私は一人ではできない！　ローヒールの靴を履いたりしたら、人目に立ってしまう！」とあなたは言う。

あなたは一人ではないことを忘れてはならない。あなたと同じ考え方の女性たちが他に何百万人もいて、誰か他の人が最初に行動を起こすのを長年にわたる慢性的な隷属状態のなかで待ちわびているのだ。だが、女性たちは真の危機に立ち向かう力も勇気も欠いてはいない。先住民と戦うためにパートナーの男性たちとともに立ち上がった開拓時代の女性たち。男性たちに劣らず果敢に火刑台の露と消えた女性たち。この変化の重要性、この変化の義務を理解しさえすれば、女性たちは容易に変化を起こすことができる。そこには恐るべき火刑台もなければ、恐るべきライオンも先住民もいない。愚者たちであることをあなたが知っている人々が口にする反対意見の他に、恐るべきものは何一つとしてない――その一方で、現代の女性たちは、最高の賢人たちが口にする反対意見を大胆に支持しているのだ。愚行を演じていた女性たちは、古今の賢者たちの揶揄や嘲弄にも動じることがなかったが、その英知が広まり深まった現在、数が少なくなるばかりの愚者たちの群れに冷笑で迎えられたとき、すごすごと引き下がるべきだろうか？　長きにわたって、その愚行のゆえに人目を引く存在だった女性たちは、その英知のゆえに人目を引く存在になることから尻込みすべきではないのだ。

女性の過剰な衣服に対する男性の侮蔑は、深く根を下ろした本能、女性は華麗な羽毛をまとって得意げに闊歩するように造物主によって創られた存在ではないということを知っていた本能に端を発している。

女性が未来永劫にわたって虚飾を排し、美は真実と威厳と私たちの最高の人間力の十全な発揮のなかにこそ存在するということを学んだとき、女性としての尊厳ははるかに高貴な光彩を帯びて輝きいずるに違いない。

訳註

◉第一章

（1）ギルマンは一八八七年二月二六日に『ウーマンズ・ジャーナル』（*Woman's Journal*）に書いた「ペチコートに対する抗議」（"A Protest against Petticoats"）と題する一文では、適切な衣服の要件として保護（protection）、快適さ（comfort）、羞恥（modesty）、美しさ（beauty）の四つを挙げていた。

（2）「ガンガ・ディン」（"Gunga Din"）はイギリスの詩人で小説家ラドヤード・キプリング（Rudyard Kipling, 1865-1936）が一八九〇年に発表した物語詩。インドで戦うイギリス軍の兵士たちに虐待される水運び係のインド人ガンガ・ディンの生と死をイギリス人兵士の視点から描く。

（3）オープンカーの運転者や同乗者の帽子が飛ばされるのを防ぐためにかぶるヴェール。

（4）ギルマンは「衣服における象徴」（"Symbolism in Dress"）と題する一文を一九〇五年六月八日付けの『インディペンデント』（*The Independent* 58 [8 June, 1905]）に発表している。

（5）「保護的擬態」とは動物が身を守るために周囲の物や動植物に自分の体の色や形を似せること。保護色ともいう。本書第一〇章にも言及されている。

（6）ソースタイン・ヴェブレン（Thorstein Veblen, 1857-1929）はアメリカの経済学者・社会学者。代表的著作『有閑階級の理論』（*The Theory of the Leisure Class*, 1899）は、アメリカの富豪の生活様式を人類学の言葉で説明し、有閑階級の邸宅・贅沢な調度品とパーティー・豪華な衣装を、先住民のポトラッチ・羽根飾り・狩猟・祭祀と同列に置き、そのしくみを「衒示的消費」（Conspicuous Consumption）、「衒示的閑暇」（Conspicuous Leisure）、「代行閑暇」（Vicarious Consumption）などの新しい用語を駆使して分析した。ソースタイン・ヴェブレン『有閑階級の理論』（ちくま学芸文庫、一九九八年、村井章子訳）参照。なお、「衒示的閑暇」は「顕示的閑暇」、「衒示的消費」は「顕示的消費」などと訳されることもある。ギルマンはヴェブレンの影響を強く受けていて、本書でもヴェブレンの名前に五回言及している。

◉第二章

（1）トマス・カーライル（Thomas Carlyle, 1795-1881）は、スコットランド出身の歴史家・評論家。代表作の『衣装哲学』（*Sartor Resartus*, 1833-34）は『フレーザー』誌（*Fraser's Magazine*）に発表され、架空のドイツの大学教授の伝記という形をかりて自身の思想・哲学を記した。なお、シェイクスピア『ヘンリー四世』第二部第三幕第二場に、ある人物のことをフォルスタッフが「裸にでもした日にゃ……二股大根そっくりって恰好」（引用は中野好夫訳による。傍点は引用者）と語る場面がある。

（2）「テーラードスーツ」は男もの仕立てをした女性用のスーツのこと。第八章と第一一章にもテーラードスーツへの言及がある。

（3）「ファージンゲール」とは、一六―一七世紀にスカートを広げるのに用いた、くじらひげなどで作った腰回りの張り輪。あるいはそれを使って広げたスカートのこと。

（4）「エンパイア・スタイル」は、ナポレオン一世の時代（一八〇四年―一八一四年、一八一五年）のファッション。ハイウエストでコルセットを用いず、裾は長くてゆるやかにフィットする。胸のすぐ下の胴に密接にフィットするのでバストが強調される。素材は薄手の木綿のモスリンで袖は短い。

（5）チャールズ・リード（Charles Reade, 1814-1884）はイギリスの小説家・劇作家。『僧院と家庭』（*The Cloister and the Hearth*, 1861）で知られている。なお、ここで言及されている短編のラテン語の原題は"Propria quae Maribus"。

（6）「ドレス改革」とは、一八五〇年代から一八九〇年代にかけて行われた服装改革運動のことで、当時のヴィクトリア朝ファッションよりも実用的で快適な衣服をデザインし着用することを提唱した改革。特にコルセットなどの女性の体を締め付ける下着は身体的にも心理的にも有害であることを主張した。グリーンウッド版の編者たちはこの服装改革運動を扱ったギルマンの論文として Charlotte Perkins Gilman, "Why These Clothes?," *The Independent* 58 (March 2, 1905); "Symbolism in Dress," *The Independent*, 58 (June 8, 1905) を挙げている。（第一章訳註（4）を参照。）

◉第三章

（1）エドワード・リア (Edward Lear, 1812-1888) はイギリスの詩人・画家。「わたしのアーリーおじさんの人生に起こった出来事」("Incidents in the Life of My Uncle Arly") は、アーリーおじさんの死までの人生を語る滑稽詩で、「だけど靴はきつすぎた」(But his shoes were far too tight) が繰り返される。エドワード・リア『リアさんて、どんなひと?』新倉俊一編訳（みすず書房、二〇一二年）参照。

（2）「金の百合《ゴールデン・リリー》」は纏足のための靴の名称。纏足は美人の条件が小さい足であった中国唐末から清末の風習で、女児の足の親指以外の四指を足の裏側に曲げて、強く布帛で縛り、発達を抑えて小さく保たせた。中国の寸法で三寸（一一センチ）であれば完璧で、「金の百合」と呼ばれ、三寸以上のサイズになると「銀の百合《シルバー・リリー》」とか「鉄の百合《スチール・リリー》」と呼ばれた。この靴は蓮の蕾の形に似ていたので、"lotus shoes" という呼び名もあった。

（3）「九月の朝」("September Morn") はフランスの画家ポール・シャバ (Paul Émile Joseph Chabas, 1869-1937) が一九一二年にサロン・ド・パリに出展した作品。朝日に照らされた湖の浅瀬に立つ裸の金髪の若い女性が少し前かがみになり、その右腕は胸の下を通り、左腕は陰部を隠す曖昧な姿勢で、そのポーズは謙虚さ、寒さをしのぐため、あるいは水浴のためなど、様々な解釈がなされている。一九一三年以降、この絵の複製が米国で論争を巻き起こし、シカゴの画商はわいせつ罪で起訴された。この作品はピンバッジやカレンダーなど様々な形で複製され、新聞では検閲や芸術に関する議論が行われ、歌や舞台、映画に影響を与え、最終的には七〇〇万枚もの複製が売れたが、「九月の朝」の著作権を持っていなかったシャバは印税を受け取っていない。現在はニューヨークのメトロポリタン美術館所蔵。

（4）嘆き、悔い改めを表す行為として「荒布と灰」を身に着けることが聖書に記されている。たとえば、旧約聖書『エステル記』

第四章第一節にはモルデカイが「荒布をまとい、灰をかぶり、町の中へ行って大声をあげ、激しく叫ん」だことが書かれ、『マタイによる福音書』第一一章第二一節には「わざわいだ、コラジンよ。わざわいだ、ベツサイダよ。おまえたちのうちでなされた力あるわざが、もしツロとシドンでなされたなら、彼らはとうの昔に、荒布をまとい灰をかぶって、悔い改めたであろう」（傍点はすべて引用者）という記述がある。

（5）ギルマンの「個人的・社会的存在」という概念は、イギリスの社会学者アンソニー・ギデンズ（Anthony Giddens, 1938-）の『社会学』（*Sociology: A Brief But Critical Introduction*,1982）で提唱された「二重解釈」という概念を先取りしている、とグリーンウッド版の編者たちは指摘している。

（6）ここでのギルマンの発言が的を射ていることは、オーストラリアの先住民が二〇世紀まで生き延び、南洋諸島の人々が複雑な科学技術や官僚主義的な構造に邪魔されることなく、活発な社会を享受していたという事実からも明らかだ、とグリーンウッド版の編者たちは説明している。

（7）「ストレートフロント」コルセットは一九〇〇年頃から一九一〇年代の初めにかけて流行したコルセット。コルセットの前部に硬くて真っすぐな張り骨が使われていたのが、その名前の由来。腹部をあまり圧迫しないので、「健康《ヘルス》コルセット」とも呼ばれたが、背中にかかる負担が大きすぎるという難点があった。

（8）氷上じゃがいも競争はコースに間隔を置いて並べてあるじゃがいもをひとつずつスプーンなどで拾い上げて運ぶレース。一九世紀から一九三〇年代ごろまで、イギリス、アメリカなどで盛んに行われた。徒歩、馬上などの種類がある。

（9）ホブルスカートは一九一〇―一二年に流行した、歩行が極端に困難になるほど裾を非常に狭く絞ったスカート。ホブルスカートという名前はウマが自由に歩けないように両脚を縛るために使われていた「ホブル」という用具に由来している。さらに、膝まであるコルセットがこの効果をもたらすために使われた。このようにしたスカートからなるドレスはホブルドレスと呼ばれた。このファッションに合わせ、転倒を防ぐ安定感のある低いヒールの靴も普及し始めた。足枷が付いたような奇妙なスカートは議論を呼び、幾度となく風刺の的になった。N・J・スティーヴンソン著、古賀令子訳『ファッションクロノロジー――エンパイアドレスからエシカルデザインまで』（文化出版局　二〇一三年）を参照。

◉第四章

（1）ロンパースは"romper suit"を短くした呼び方。一九〇〇年台初頭のアメリカ合衆国で見られ始めた子ども向きの遊び着。シャツとボトムスの上下が繋がっている。ニッカーズは"knickerbockers"のこと。腰から膝下までをゆったりと覆うズボンで、アメリカ合衆国では二〇世紀初頭に流行した。ニーパンツは男児が着用する膝あたりまでの半ズボン。

（2）ホブルスカートについては第三章訳註（9）を参照。

（3）イサゴムシはトビゲラ類の幼虫で、釣りの餌に使用される。水中で砂や落ち葉を集めて筒状にした巣のなかに棲む。冬眠中のイモムシを想像すればよい。

（4）『女性美』の原題はMrs. A. Walker, *Female Beauty, As Preserved and Improved by Regimen, Cleanliness and Dress* だが、初版は一八三七年にロンドンで出版されている。一説によると、この本を実際に書いたのは、スコットランドの著名な生理学者・美学者・ジャーナリストで *Beauty: Illustrated Chiefly by an Analysis and Classification of Beauty in Women*（1836）や *Woman Physiologically Considered as to Mind, Morals, Matrimonial Slavery, Infidelity and Divorce*（1839）などの著作のある Alexander Walker（1779-1852）だったが、夫人の名前で出版されたとされている。そのことは世界最古の週刊誌と言われる *The Spectator*, No. 446 (January 14, 1837) に載った、"Mrs. Walker on Female Beauty"と題するこの本の紹介記事にも仄めかされている。

（5）アイルランド生まれのローラ・モンテス（Lola Montez）の本名はエリザベス・ロザンナ・ギルバート（Elizabeth Rosanna Gilbert, 1821-1861）で、ローラは踊り子と女優としての芸名。踊り子をしていた二〇代でルートヴィッヒ一世の寵愛を存分に受け、ランツフェルト女伯爵の称号を得た公妾であった。政治にまで悪影響を及ぼし、国民に追放された後も、その美貌を生かして、資産家の男性を渡り歩いた。アメリカへ移住してから書いた『美の芸術』（*The Arts of Beauty*）は一八五八年の出版。中野京子『美貌のひと2』ＰＨＰ新書（二〇二一年）を参照。

（6）アンドレ・フェリビアン（André Félibien, 1619-1695）はフランスの美術史家、宮廷歴史家。多数の芸術、建築、美術史に関する著作を残した。
(7) 眉剃りは江戸時代中期の慣習。お歯黒、つまり鉄漿（かね）鉄屑を焼いたものを濃茶のなかに入れ、ここに五倍子（ふし）の粉を加えてこの液体で歯を染めていた。元は平安貴族の慣習であったものが源平時代に男性も鉄漿を付けていたようだが、その後廃れる。江戸時代は庶民の既婚女性のたしなみであった。
(8) 宗教上の理由で女性は陰毛を剃る習慣がある。鬘《かつら》はイディッシュ語で「シュイテル」と呼ばれ、正統派ユダヤ教の既婚女性が使用する。一八世紀から使用され、分厚い前髪で顔を隠すような仕様となっている。
(9) 纏足については第三章訳註（2）を参照。
(10) 金属や木製の大きな瓶状で体を鍛えるための棍棒。数キログラムから重いものでは五〇キログラム近くにもなる。インド統治時代にイギリスへ持ち込まれた。

◉第五章
(1) アリー（'Arry）とアリエット（'Arriet）はいずれもロンドン訛りでハリーとハリエット。スコイト（skoit）はニューヨーク訛りでスカート。
(2) ラドヤード・キプリングについては第一章訳註（2）を参照。「ヴァンパイア」（"The Vampire"）は一八九七年に発表された六連から成る詩作品。女性を理想化した（"he called her his lady fair"）挙げ句の果てに裏切られ、すべてを失って、破滅に導かれる愚かな男性の迷妄を描いている。
(3) イギリス劇作家ウィアム・S・ギルバート（William Schwenck Gilbert, 1836-1911）の『サヴォイ・オペラの歌（*Songs of a Savoyard*, 1891）に収められている「判事の歌」（"The Judge's Song"）への言及。
(4) 「金の百合《ゴールデン・リリー》」については第三章訳註（2）を参照。
(5) ジョージ・ブランメル（George Brummel, 1778-1840）はイギリスのファッションの権威で伊達男（ボー）ブランメルの異名で知られた。サー・ピアシー・シャフトン（Sir Piercie Shafton）はスコットランドの小説家ウォルター・スコット（Walter

Scott, 1771-1832）の小説『修道院』（*The Monastery*, 1820）に登場する人物で、美辞麗句を弄する人物として描かれている。

（6）クレオパトラ（Cleopatra, 69?-30 B.C.）はエジプトのプトレマイオス期の最後の女王。ニノン・ド・ランクロ（Ninon de l'Enclos, 1620-1705）はフランスの高級娼婦。マダム・レカミエ（Madame Juliette Récamier, 1777-1849）はフランスの銀行家夫人で、パリ社交界の花形。ジャック＝ルイ・ダヴィッド（Jacques-Louis David）の描いた肖像画は広く知られている。

（7）出典は古代ローマの詩人ウェリギリウス（Virgilius, 70-19 B.C.）の叙事詩『アエネーイス』（*Aeneis*）。原文では"varium et mutabile semper femina"（A woman is ever a fickle and changeable thing.）となっている。なお、ギルマンは別の箇所で"'Varium et mutabile!'" murmurs the man sagely. "A woman's privilege is to change her mind!"（*The Home, Its Work and Influence*, 1910）と述べている。

（8）この日付は第五章の原稿が一九一五年五月刊行の個人雑誌 *The Forerunner*, Vol. 6, No.5 のために同年四月に執筆されたことを示している。

（9）引用されている「古いバラード」について、グリーンウッド版の編者たちは出典不明としているが、一五世紀に作られたとされる"Robin Hood and Allan-a-Dale"という題のバラード。義賊ロビン・フッドが森で出会ったアラン・ア・デイルという名前の若者の恋の悩みを解決してやるといった内容。引用は第二連―第五連からの抜粋。

◉第六章

（1）「永遠に女性的なるもの」はドイツの詩人・劇作家・小説家のゲーテ（Johann Wolfgang von Goethe, 1749-1832）の悲劇『ファウスト』第二部（*Faust*, Part II [1832]）の最後に導入される概念。

（2）ドリー・ヴァーデン（Dolly Varden, ca.1871-1955）は、二〇世紀初めのアメリカで有名だった、サーカスの女性空中曲芸師。名前はチャールズ・ディケンズの『バーナビー・ラッジ』（*Barnaby Rudge*, 1841）の登場人物からとられている。

（3）グリーンウッド版の編者たちは「飾られていない美が最も飾られている」（"Beauty unadorned is adorned the most."）をアフリカ系アメリカ作家チャールズ・ワデル・チェスナット（Charles Waddell Chesnutt, 1858-1932）の小説『ヒマラヤスギのうしろの家』（*The House Behind the Cedars*, 1900）からの引用としているが、この名言（"Beauty when unadorned is adorned the most."）を吐いたのは古代キリスト教の聖職者・神学者の聖ヒエロニムス（Eusebius Hieronymus, 347?-420）だったので、それをチェスナットは引用していると考えるべきだろう。

（4）「タモシャンター」は頭頂部に毛糸の玉房がついたウール製の大きなベレー帽。「グレンガリー帽」はフェルトやウールでできた縁なし帽。折りたたみできる。スコットランドのグレンガリー一族に由来。「フェズ」はつばのない円筒形で、頭頂部に房がついている。もとはトルコ人がかぶっていたが、現在はイスラム教徒が着用。「キャヴァリエ・ハット」は広いつばの片側だけが巻き上げられて、鳥の羽飾りがついた帽子で、一七世紀に流行した。王党員《キャヴァリエ》と呼ばれたイギリス国王チャールズ一世の支持者たちが着用したのが名前の由来。

（5）サッポー（Sapphō）は紀元前六〇〇年ごろレスボス島に生まれたギリシアの女性詩人。サッフォーとも。

（6）「金の百合」については第三章訳註（2）を参照。

（7）新約聖書『コリント人への第一の手紙』第一一章第一節—第一六節で、パウロは礼拝でのかぶり物について、女のかぶり物の習慣は神による秩序に従うしるしとして守らなければならないし、女にとって長い髪が光栄となる、と述べている。

◉第七章

（1）「ジャカード織機」はフランスの発明家ジャカール（Joseph Marie Jacquard, 1752-1834）が一八〇二年に複雑な紋織を織るために改良した織機。以後このような紋織をジャカード織と言う。「ミュール精紡機」はイギリスの発明家クロンプトン（Samuel Crompton, 1753-1827）が一七七九年に発明した紡織機。「ジェニー紡機」はイギリスの発明家ハーグリーヴズ（James Hargreaves, c.1720-1778）が一七六四年または一七六五年に発明した紡織機。

（2）本来「糸を紡ぐ女性」を意味した"spinster"が「婚期を過ぎた独身女性」を意味するようになったのは一七世紀以後のことで、一六世紀半ばの職人法の制定以後、手工業ギルドが女性を閉め出したため、糸紡ぎが女性に残された唯一の職業となったという背景がある。一八世紀には適齢期を過ぎた未婚の女性、いわゆる老嬢《オールドメイド》を指すようになった。

（3）「糸ガラス」はガラス工業の栄えたイタリアのヴェネツィアで初めて作られたガラス繊維で、それを巻き取る機械が紡ぎ機だったことから紡がれたガラスと呼ばれ、置物、玩具、装飾に用いられた。

（4）「胴着」は女性の衣服の一種で、元々は長いテールを持つボディスやジャケットを指していたが、後には長いコルセットを指すようにもなった。縫い目が五つの胴着は縫い目が多いため、生地の伸縮性が低く、身体にぴったり合った。なお、バスクの名称は、フランスの女性用ロング・ジャケットのオリジナル・ファッションが、バスクの民族衣装から取り入れられたことに由来する。時代によっては、フープスカート（初期のヴィクトリア時代）やバッスル（後期のヴィクトリア時代）の上に着用されることもあった。フープスカートとバッスルについては第一一章の訳註（2）（6）を参照。

（5）「ナイフプリーツ」は鋭くきっちりと細かくプレスされたプリーツと説明される。ナイフの刃先のように鋭いプリーツのイメージから。

（6）ソースタイン・ヴェブレンについては第一章訳註（6）を参照。

（7）シャクルトン南極探検隊は一九〇七年から一九〇九年にかけてアイルランド生まれのイギリスの極地探検家アーネスト・シャクルトン（Sir Ernest Henry Shackleton, 1874-1922）に率いられた探検隊。シャクルトンは一九一四年にも南極へ挑み、一九一六年に帰還した。

（8）「パーゴラ」は蔓性の植物を絡ませるために、住宅に隣接した庭に木材などで組んだ棚。白く塗るのが一般的とされる。藤棚はその一例。

（9）メーテルリンク（Maurice Polydore-Marie-Barnard Maeterlinck, 1862-1949）はベルギーの象徴派の劇作家で詩人。一九一一年にノーベル文学賞受賞。『青い鳥』（一九〇九年）で知られる。オー・ヘンリー（O. Henry, 1862-1910）はアメリカの短編小説家。William Sydney Porter の筆名。市井の人々の生活を描いた。チェンバーズ（Robert William Chambers, 1865-1933）はアメリカの小説家で、大衆小説を数多く執筆した。

（10）「純金に金メッキをし、百合の花に絵の具を塗る」はシェイクスピアの歴史劇『ジョン王』第四幕第二場で、ジョン王の戴冠の儀式を二度行うことは無駄であると主張するソールズベリー伯の台詞への言及（引用は小田島雄志訳による）。立派なものを無駄に重ねると、かえって台無しになるという意味。

（11）チャールズ・リードについては第二章訳註（5）を参照。

（12）「インタリオ」は沈み彫り（模様そのものを彫って、背景よりも低くする彫り方）の技法を施した宝石や貴金属などの工芸品。古くからシーリング（手紙や封筒を刻印の入った蝋で封印する）に使用され、多く権力者の象徴として実用的に使用される時代もあった。インタリオとは逆に、浮き彫り（模様の周りの背景を掘り下げて、模様を浮かせて見せる彫り方）を施した作品が「カメオ」。

（13）「宝石の巧みな魔術師たち」は旧約聖書『イザヤ書』第三章第三節の「五十人の長と身分の高い人、議官と巧みな魔術師、老練なまじない師を取り去られる」（傍点は引用者）に見られる表現。

（14）ここでのギルマンはヴェブレンのいわゆる「代行消費」（Vicarious Consumption）に言及している。夫の所有物としての妻による「代行消費」について、「世間体を保つ必要上、やはり妻には一家と主人のために一定の財をこれ見よがしに消費することが求められる」（引用は村井章子訳による）とヴェブレンは説明している。ヴェブレンについては第一章訳註（6）を参照。

（15）セツルメント事業はアメリカのいくつかの社会セツルメントのサービスを指す。たとえばシカゴのハルハウス（ギルマンは一八九五年に住み込んだことがあり、一八九九年まで頻繁に訪ねていた）やユニティセツルメント（ギルマンは短期間住み込んでいた）。アメリカの多くのセツルメントの精神や発達のありようは幅広く違いがあり、厳格な宗教的説得活動から、慈善、社会改良、社会主義運動から社会科学的調査まであった、とグリーンウッド版の編者たちは説明している。

◉第八章

（1）ヴェブレンについては第一章訳註（6）を参照。

（2）ギルマンのエッセイ「鳥と虫と女性たち」（"Birds, Bugs and Women"）は個人雑誌 *The Forerunner*, Vol. 4, No. 5（1913）に発表された。引用は冒頭の一文。

(3) アメリカ合衆国各地に支部を持つ野生生物の自然保護団体。一九〇五年設立。

(4) ボーア戦争におけるイギリスの失敗に関する詩人ラドヤード・キプリングの発言に由来する慣用表現とされている。キプリングについては第一章訳註(2)を参照。

(5) アイリッシュ・クロッシェレースと呼ばれ、一八世紀後半から一九世紀にかけて始まり、立体的なかぎ針編みのレース。使用されるモチーフはアイルランド国花であるシャムロックやバラやユリの花など植物が多い。

(6) フランスのヴァランシエンヌ地方で一八世紀に発展した、非常に繊細で精緻な刺繍を施したレース。模様もレース地も同じく一本の亜麻糸で編んだボビンレースで、下着の裾飾りにあしらわれた。

(7) 外出用(防寒)の外衣、スカーフやショール。

◉第九章

(1) ジョージ・フォックス(George Fox, 1624-1691)はイギリスの宗教家。一般にクエーカーとして知られるキリスト友会の創始者。

(2) J・M・バリー(James Matthew Barrie, 1860-1937)はスコットランドの劇作家、童話作家。『ピーター・パン』(*Peter Pan, The Boy Who Wouldn't Grow Up*, 1904)の作者として知られる。小説『小牧師』(*The Little Minister*)は一八九一年の出版。この作品によってバリーの小説家としての名声は確立したと評されている。

(3) カール・マルクス(Karl Marx, 1818-1883)が一八五九年出版の『経済学批判』(武田隆夫他訳、岩波文庫)で提示している史的唯物論を参照。

(4) 「性的経済関係」はギルマンの『女性と経済学』(*Women and Economics*, 1898)で議論されている "sexuo-economic relation" の訳語。

(5) 『コンシュエロ』(*Consuelo*, 1842-43)はフランスの女性作家ジョルジュ・サンド(George Sand, 1804-1876)の大河小説。ジョルジュ・サンドはアマンディーヌ＝オーロール＝リュシール・デュパン(Amandine-Aurore-Lucile Dupin)の筆名。デュドヴァン男爵と結婚して、一男一女をもうけたが、やがて別居し、多くの男性と恋愛関係を結んだ。詩人ミュッセや作曲家ショパンとの関係は特に有名。

●第一〇章

（1）マルクスはすべての現象の基盤は経済活動と労働であり、そこに還元できないものはないと述べているが、ここでのギルマンはマルクスのこの主張を揶揄している、とグリーンウッド版の編者たちは説明している。

（2）旧約聖書『箴言』第二七章第六節を参照。

（3）ヴェブレンについては第一章訳註（6）を参照。

（4）「保護的擬態」については第一章訳註（5）を参照。

（5）「ホブルスカート」については第三章訳註（9）を参照。

（6）「性的経済関係」については第九章訳註（4）を参照。

（7）「クリノリン」は一八五〇年代後半にスカートを膨らませるために考案された下着の一種。クジラのひげや針金で骨組みができていた。「グリーシャンベンド（ギリシア屈《かが》み）」は一八七〇年ごろに流行した女性の前かがみの歩き方。ギリシアの裸像の姿勢を真似たと言われている。「タイドバックスカート」は一八八〇年代の背中できつく縛ったスカート。第一二章に説明がある。「ホブルスカート」については第三章訳註（9）を参照。

（8）ジャンヌ・パキャン（Jeanne Paquin, 1869-1936）、マダム・ジェニー（Jenny Sacerdote, 1868-1962）、オーギュスタ・ベルナール（Augusta Bernard, 1886-1946）は、いずれもフランスの近代的なクチュリエ。

（9）フローラ・マクフリムジーはアメリカの弁護士で風刺詩人のウィリアム・アレン・バトラー（William Allen Butler, 1825-1902）の風刺詩『着ていく服がない』（*Nothing to Wear: An Episode of City Life*, 1857）に登場する買い物好きの女性。ジェイムズ・バリーの「すばらしい作品」は『スラムズの窓』（*A Window in Thrums*, 1889）を指している。バリーについては第九章訳註（2）を参照。

◉第一一章

（1）「グレート・ゲーム」は一九世紀における中央アジアの覇権をめぐるイギリス帝国とロシア帝国のスパイ活動を指す。ラドヤード・キプリングの小説『キム』（*Kim*, 1901）で描かれたこともあって、広く知られるようになったと言われる。キプリングについては第一章訳註（2）を参照。

（2）「フープスカート」はフープ（張り骨）を使って、シルエットを広げたスカートの総称。フープは輪、箍《たが》の意。「グリーシャンベンド（ギリシア屈み）」と「タイドバックスカート」については第一〇章訳註（7）を参照。『パンチ』（*Punch*）は一八四一年に創刊されたイギリスの漫画入り週刊誌。ここで言及されている挿絵については不詳。「タイト・スリーヴ」は腕にフィットした緩みの少ない細い袖と定義される。「バスク」については第七章訳註（4）を参照。「マトンレッグ・スリーヴ」はヒツジの脚の形に似た袖。肩の部分が膨らみ、袖先に向かって細くなっている。レッグオヴマトン・スリーブとも。「トレイリング・スカート」は裾を雄クジャクの羽根のように引きずっている長いスカート。「ダスト・ラッフルズ」は長く引きずるスカートの裾の埃《ダスト》を払うための飾り布《ギャザー》。

（3）「シーススカート」は丈が長めで刀剣の鞘《シース》のような細身のスカート。「ホブルスカート」については第三章訳註（9）を参照。

（4）「蝋燭消し」には銅や真鍮やピューターでできた魔女の帽子のような円錐形のものがある。

（5）「ポンパドゥール」は前髪を高く大きく巻き上げる女性の髪型。「アシャンティ族」はアフリカ西部の森林地帯に住む種族。特徴的な髪型をしていることは“Ashanti pompadour”という英語表現からも想像できる。「打ってつけの宿所を頭が見つけることができる／逆さになったゴミ箱」は、ギルマンの個人雑誌 *The Forerunner*, Vol. 1 (November 1909) に掲載された“How Doth the Hat”と題するギルマン自作の帽子をテーマにした詩の第五連からの引用。なお、この雑誌の同じ号に発表した「悲しいかな！」（“ALAS!”）と題する詩でも、その冒頭でギルマンは「大きくて醜い帽子の者たちはかすかに夢みることもない／人間の頭部の気高い美しさのことを」と書き、「ああ、この者たちが失った柔らかい頭髪よ！／ああ、この者たちがかぶっているアシャンティ族風の鬘《かつら》よ！」と嘆き、「この身体は世界の光栄／頭部は身体の王冠」と言い切っている。

（6）「ストレートカット」も「クロスワイズカット」も布地の裁断の仕方。「キモノスリーヴ」は日本の着物に触発された、ゆったりした形の袖。「古代のメディア王国の女性たちが着ていたようなローブ」は古代ギリシアの女性が用いたペプロスやヒマチオンのようなゆったりした外衣だろう。ギルマンは「別個の衣料品としての『スカート』」から、バッスルと呼ばれる腰当てを入れて膨らませたバッスルスカートを連想し、ホッテントットの女性に特徴的な極端に大きく突き出た脂肪臀が「ホッテントットの腰当て」と呼ばれていたことを思い出して、「ホッテントットを参照のこと」と記したのではないか。なお、「ホッテントット」はアフリカのコイコイ人の旧称で、現在は差別用語とされている。

（7）「コッドピース」は一五―一六世紀に男性がぴったりしたズボンの前空きを隠し、男性であることを強調するためもあって付けた布袋。日本語では股袋、フランス語ではブラゲットと呼ぶ。「レデューサー」は体重を少なく見せるための補正具。たとえばペチコート、コルセットなどの補正下着を指すのだろう。

（8）「ユニオンスーツ」はシャツとズボン下が一続きになっている着衣。コンビネーションとも言われる。一八六八年にニューヨーク州ユーティカで最初に女性用として作られた。

（9）この「フェリゲク」（ferigech）というトルコ語については不明。ギルマンのスペルミスか？

（10）「メディチ・カラー」は一六世紀にフランスのマリー・ド・メディチ（フランス語読みではマリー・ド・メディシス）が世に広めたので、この名前がついている。高価なレースを使った装飾用のカラー。ピーテル・パウル・ルーベンス（Peter Paul Rubens, 1577-1640）が描いた『マリー・ド・メディシスの肖像』（一六二二年）を参照。「あの最近目撃された大失敗」については不明。

（11）「チロリアン・ハット」はアルプス山脈東部のチロル地方に由来するフェルト製の帽子で、クラウンの立ちぎわに飾り紐が巻かれ、羽飾りが付く。他の帽子については、第二章「帽子」を参照。

（12）新約聖書『マタイによる福音書』第二五章第二一節を参照。

◉第一二章

（1）章タイトルの「望みと慰め」は聖書に頻出する表現。たとえば「わたしたちを愛し、恵みをもって永遠の慰めと確かな望みとを賜るわたしたちの父なる神」（傍点は引用者）新約聖書『テサロニケ人への第二の手紙』第二章第一六節を参照。

（2）この“Queen Demos”はギルマンの造語と思われるが、彼女の主要作品のどれにも使用例がないので、“demos”が“the populace as a political unit, especially in a democracy”（“demos,” *The New Oxford Dictionary of English*）を意味することから判断して、第一一章に出ていた“freeborn female citizens”（自由の身に生まれた女性市民）を指すと考えられる。なお、“King Demos”やそれに類する表現（“our young King Demos,” “the young Prince Demos”）などは、個人雑誌 *The Forerunner* だけでも六例見つかるだけでなく、代表作 *Herland*（1915）の続編 *With Her in Ourland*（1916）では、“the citizens of a democracy”について語る登場人物が“Reverence for and submission to authority are right in monarchies—wrong in democracies. When Demos is King he must learn to act for himself, not to do as he is told.”と述べているので、“King Demos”は“freeborn male citizens”を意味していると考えられる。

（3）この日付は第一二章が *The Forerunner,* Vol. 6, No. 12（December 1915）に発表されたという事実と合致している。第五章訳註（8）を参照。

（4）ドリー・ヴァーデンについては第六章訳註（2）を参照。

（5）「エンパイア・スタイル」については第二章の訳註（4）を参照。

（6）ギルマン自身、熱烈な女性参政権論者だった。女性参政権を認めようとしない〈アンチ〉と呼ばれた人々を批判するエッセイを一九一〇年代にいくつか発表する一方で、様々な角度から女性参政権の問題を取り上げた詩作品を集めた小冊子 *Suffrage Songs and Verses*（1911）を出版している。大井浩二『ヴィクトリアン・アメリカのミソジニー——タブーに挑んだ新しい女性たち』（小鳥遊書房、二〇二一年）第七章「アンチたちとの闘い——女性参政権をめぐる論争」を参照。

（7）本書第二章では「女性を意味する大文字の「W」のイニシャル」という表現が使われていた。

（8）この雨の日にはかれた短いスカートは“rainy daisy skirt”と呼ばれ、“Walking skirt, two or three inches off the ground. Worn by women belonging to the Rainy Day Club."（Elizabeth Lewandowski, *The Complete Costume Dictionary* [Scarecrow Press, 2011], p. 246）と定義されている。「雨に濡れたヒナギク」（"Rainy Daisies"）は Rainy Day Club のメンバーにメディアが付けたニックネーム。アメリカ生まれのイギリス小説家ヘンリー・ジェイムズ（Henry James, 1843-1916）の中編小説『デイジー・ミラー』（*Daisy Miller*, 1878）の女性主人公の名前に因んで命名されたという説もあるらしい。

訳者解説

シャーロット・パーキンズ・ギルマンは、短編「黄色い壁紙」の作者として一般には知られていますが、ここに訳出した『女性のための衣装哲学』（原題『女性の衣服』*The Dress of Women*）は、彼女の個人雑誌『先駆者』の第六巻（一九一五年）に一年間連載された作品で、二〇〇二年になってやっとグリーンウッド・プレスから単行本として出版されました。

この『先駆者』（*The Forerunner*）という雑誌は、一九〇九年から一九一六年にかけて、ギルマンが彼女自身の言葉を借りれば「著者、所有者、発行者」として自費出版していた月刊誌で、そこにはフェミニストとしての彼女の主張が小説、詩、社会評論などの様々な形で発表されたのでした。彼女の代表作の一つであるユートピア小説『ハーランド』（『フェミニジア』と題する日本語訳は現在は絶版のようです）も、『女性のための衣装哲学』と同じ第六巻に一年間連載され、どちらも同じ一二章から成っているのは、毎号に一章ずつ発表されたからです。

この『先駆者』の第一巻に『私たちのアンドロセントリックな文化あるいは男性によって創られた世界』（*Our Androcentric Culture, or the Man-Made World*）と題する文章が発表されていますが、現代世界は男性によって支配され、男性の価値基準が世界の価値基準となっているという議論を展開したギルマンは、「一つの性が人間のすべての活動を独占し、その活動を『男性の仕事』と名づけて、その活動をそのようなものとして統率することが『アンドロセントリックな文化』という言葉の意味だ」と論じています。このアンドロセントリズム（男性中心主義）という概念はギルマンが最初に提唱したとされていますが、彼女自身は社会学者レスター・ウォードの著書『純粋社会学』（一九〇三年）から借りてきたことを認めています。そこでのレスターはアンドロセントリズムを「男性は最も重要で、女性は二次的であるという見方、あらゆるものは男性を中心にしているという見方、女性は生殖の仕事には必要だが、人類を存続させるための手段にすぎず、それ以外の点では全般的な結果における取るに足らない付随的で偶発的な要因であるという見方」と定義しているのです。

『私たちのアンドロセントリックな文化』において、「人間の女性に装飾という重荷を背負わせている、性的特性の奇妙な逆転」に言及したギルマンは、「特別な性的装飾という本質的に男性的な属性」を身に着けることを余儀なくされた女性が、「女性としての目的を促進するために、男性的な羽毛を纏ったりまでして、自然の法則を鋭く逆転させ、クジャクやゴクラクチョウのような美しさを撒き散らしている」と語り、別の箇所でもまた、「人間の女性は男性に経済的に依存しているというだけの理由で、性的装飾という重荷を背負っている。自然界においては人間の女性だけが女性に意図された母性という重荷に、この女性に意図されたのではない装飾という不自然な重荷を付け加えている」と述べています。どうやら、このアンドロセントリズムという用語は『女性のための衣装哲学』を読む際の重要なキーワードになると思われます。

というのも、この発言を受けるような形で、『女性のための衣装哲学』においては「男性依存という不自然な立場に置かれた女性は、男性を捕まえて離さないために、新しい魅力をすぐさま開発することを余儀なくされる。自然な関係においては、男性が女性に気に入られるために可能な限りの豪奢ぶりを見せびらかさなければならなかったが、いまや女性がその自然なプロセスを逆転させ、男性に媚びを売っているのだ」（第九章）といった記述や、「私たちは雄クジャクの尾羽を雌クジャクの背中に着けるような真似をしているだけでなく、あわれな雌クジャクは四六時中その尾羽を広げて見せびらかさなければならないし、その美しさのゆえに雄クジャクから食べさせてもらっている場合にはなおさらだ」（第一二章）といった記述が散りばめられているからです。ギルマンが『女性のための衣装哲学』を書いたのは、女性の衣服の歴史やその変遷をたどるためだけではなく、女性の衣服を手掛かりにして、アンドロセントトリズムが支配するアメリカ社会の構造を明らかにするためだった、と言い切ってもいいように思われます。

この本のなかで、「女性は何かをする能力が生まれつき備わっていないと思われている」点に触れたギルマンは、その原因を圧倒的な支配力を発揮する男性によって強制された「女性の衣服の機能的障碍」に求めています。「私たちが愚かにも文明国と呼んでいる国々において、私たちの同類の女性たちの間では、衣服の主要な機能的障碍は、コルセットとスカートと靴の三点に起因している」（第三章）と彼女は主張し、この女性の行動を著しく制限する三点を詳しく説明しています。コルセットについて、「女性の身体は、コルセットによってグロテスクなまでに損なわれた。それは楽に立っていることも長く立っていることもできなくなり、自由に前かがみになることもできなくなった」と彼女は述べ、女性が愛用するハイヒールについては、女性の身体を「哀れで、弱くて、かがんでいて、不安定で、遅くて、たどたどしくて、疲れやすい存在」に変えてしまった、と嘆いています。さらに、「スカートは、機能的に言えば邪魔以外の何物でもない」と断言する彼女は、「機能的制約の最も顕著で、最も滑稽な例」としてホブルスカートを挙げ、それが女性の行動の自由を奪うだけでなく、事故死さえも引き起こしたことに触れて、「この手枷のようなスカート」とまで呼んでいるのです。

ここで極めて興味深いのは、『女性のための衣装哲学』でしばしば言及されている社会学者のソースタイン・ヴェブレンが、『有閑階級の理論』の「金銭文化の表現としての衣装」と題する第七章で女性の服装の問題を取り上げ、「ハイヒール、スカート、非実用的なボンネット、コルセット等々、着心地のよさを無視するあらゆる小道具は、文明国の女性の服装に見られる顕著な特徴である。これらのものは、現代の文明化された生活様式において女性はいまだに理論上は男に顕在的に依存していること、経済用語で言えば男の動産であることを証拠だてている」（引用は村井章子訳による）と論じていることです。「私たちが愚かにも文明国と呼んでいる国々」における「衣服の主要な機能的障碍」は、コルセットとスカートと靴によって引き起こされていると主張するギルマンと、「文明国の女性の服装」の「着心地のよさを無視する」小道具としてハイヒール、スカート、コルセットなどを挙げているヴェブレン。女性は「男に顕在的に依存して」いて、「経済用語で言えば男の動産である」というヴェブレンの指摘もまた、『私たちのアンドロセントリックな文化』や『女性のための衣装哲学』におけるギルマンの主張の正しさを見事に証拠立てているのです。ギルマンはヴェブレンの影響を受けているという意見が聞かれるとしても不思議はないでしょう。

すでに触れたように、雑誌『先駆者』第六巻には小説『ハーランド』が連載されていましたが、そこに描かれている女性だけのユートピアからは、『女性のための衣装哲学』の第三章に言及されていた「機能的障碍」を引き起こすコルセットやスカートやハイヒールは、極めて当然のことながら、一切排除されています。さらに、そのユートピアに迷い込んだ三人のアメリカ人青年が「非常にシンプルだが、極めて快適な」衣服をそこに見出し、それが「非常に実用的な衣服」であることを三人が認めるというエピソードをギルマンは『ハーランド』の第三章で紹介していいます。しかも、その衣服は着心地がいいだけでなく、大小様々なポケットがいくつも使い勝手のいい位置に取り付けられていることに気づいて、三人は驚嘆するのですが、それは一九世紀の女性の衣服からはポケットが完全に欠落しているというのが一般的だったからに他なりません。その事実を裏づけるかのように、『女性のための衣装哲学』には「ポケット」という単語はただの一回も使われていないのです。

こうして、雑誌『先駆者』第六巻における『ハーランド』と『女性のための衣装哲学』の連載を同時に読む雑誌の購読者たちは、アンドロセントリズムが支配する現実のアメリカ社会における女性の「着心地のよさ」を無視した、ポケットの一つもない衣服と、アンドロセントリズムが拒絶されたユートピア的空間としてのハーランドにおける女性の「極めて快適な」、無数のポケットが縫い付けられた衣服とのコントラストに否応なしに気づくことになるのです。そこに作者ギルマンのフェミニスト的戦略を読み取ることは困難ではないでしょう。

『女性のための衣装哲学』の最終章において、「女性の衣服の来たるべき変化は、衣服《コスチューム》の変化ではなく、思考《マインド》の変化なのだ。それはまた肉体《ボディ》の変化でもある」と主張するギルマンは、横暴な男性の支配から解放された女性が「新しい種類の自尊心、新しい威厳、新しい特権を身に着けている女性」に生まれ変わり、「未来永劫にわたって虚飾を排し、美は真実と威厳と私たちの最高の人間力の十全な発揮のなかにこそ存在するということを学んだとき、女性としての尊厳ははるかに高貴な光彩を帯びて輝きいずるに違いない」と高らかに宣言しています。そこに読者は「全世界の女性たちよ、立ち上がれ」というギルマンの切なる願いを聞きつけることができるのです。女性を取り囲むアンドロセントリズムの高く強固な壁を意識し続けたギルマンの悲痛な叫びと言い換えてもいいでしょう。

こうしたギルマンの言葉に耳を傾けたアメリカ女性の一人に、二〇世紀アメリカのモダニズムを代表する画家ジョージア・オキーフ（一八八七―一九八六）がいたことが知られています。一九一六年に友人に宛てて書いた手紙で『先駆者』に言及したオキーフは、「一九一五年号をとても楽しんでいます。そこには『女性の衣服』という素晴らしい記事が載っているのです――彼女は確かに素敵な女性です」とギルマンのことを絶賛していますが、オキーフが大切に保存していた『先駆者』第六巻のいくつかの箇所には印が付けられているとのことです。この「アメリカ・モダニズムの母」と呼ばれた画家は『女性の衣服』から強い影響を受けていると主張するある批評家は、ギルマンの連載記事が彼女に「一つの見方、一つの考え方、衣装による自己表現のための一つの青写真」を提供したと述べています。生前のオキーフがコルセットやハイヒールを嫌って、チュニックやフラットシューズを愛用したという事実は、彼女がギルマンの忠実な読者だったことを何よりも雄弁に物語っているのです。「ローヒールの靴を履いたりしたら、人目に立ってしまう！」と嘆く女性に、誰かが行動を起こさなければ、いつまで経っても女性は「慢性的な隷属状態」から抜け出すことができない、と『女性のための衣装哲学』の著者が語りかけていたことが思い出されますが、敢然として「ローヒールの靴」を履き続けたオキーフは、女性の置かれた「慢性的な隷属状態」に断固たる否！を叩きつけた勇敢な女性の一人だったのです。

しばしば指摘されるように、第一波フェミニストたちのご多分に漏れず、ギルマンもまた優生思想を熱心に語り、人種差別的な発言を繰り返しています。そのような傾向は主著『女性と経済学』（一八九八年）や『私たちのアンドロセントリックな文化』にも表れていましたが、その後も、たとえば優生学を推奨する小説『難問』（一九一一年）などにおいて、優生フェミニズムを露骨に口にするようになったという意見も聞かれます。しかし、こうしたフェミニストとしてのギルマンの限界にもかかわらず、一九一五年という非常に早い時期に『女性のための衣装哲学』を書き上げて、アメリカ社会を支配していたアンドロセントリズムと対峙し、それを激しく批判していたギルマンのまさに先駆者としての仕事は、高く評価されてしかるべきではないでしょうか。

『女性のための衣装哲学』の執筆は百年以上前のことですから、そのような古い一冊を訳出する理由はどこにあるのか、と疑問に思う向きもあるかもしれません。改めて書き立てるまでもなく、この日本の社会や文化のあらゆる場面で、女性の外見ばかりを重視して、本質的な能力を評価しようとしないルッキズム（外見至上主義）や、女性を無知無能な存在と決め込んで、上から目線で講釈を垂れるマンスプレイニングがはびこっていて、いつまでもジェンダーギャップを助長させていますが、これらはいずれも男性の価値基準を唯一無二の価値基準と見なすアンドロセントリズム以外の何物でもないのです。この男性による男性のための男性支配こそは、一九一五年のギルマンの目に映ったアメリカ的風景であり、それとまったく同じ風景が二〇二三年の私たちの目の前にも広がっている、と言い切ってもいいでしょう。『女性のための衣装哲学』が二〇〇二年まで単行本化されなかったという事実は、そこでのギルマンの主張が無視され続けてきたことを物語っていますが、この古くて新しい一冊を現代日本の読者の前に差し出すことにしたのは、男性支配からの解放の重要性を筆鋒鋭く説いている彼女の衣装哲学に、二一世紀に生きる私たちは男女を問わず真摯に耳を傾けるべきだ、と強く信じているからに他なりません。

本書はシャーロット・パーキンズ・ギルマン（Charlotte Perkins Gilman, 1860-1935）が一九一五年に発表した*The Dress of Women* の全訳です。翻訳にあたり、*The Dress of Women: A Critical Introduction to Symbolism and Sociology of Clothing*. Edited, with an introduction by Michael R. Hill and Mary Jo Deegan (Greenwood Press, 2002) とともに、原著が連載されたギルマンの個人雑誌 *The Forerunner*, Vol. 6 (1915) を参照しました。

何年か前に、関西学院大学大学院の出身者たちの勉強会で、ギルマンの著書を取り上げたことをきっかけに、この翻訳の仕事を手掛けようという話が持ち上がったのですが、新型コロナ騒ぎや個人的な家庭の事情その他のせいで遅々として捗らない状態が続いてしまいました。翻訳にあたっては、「はじめに」と第一章と第一二章を大井、第二章と第六章を相本、第三章と第七章を勝井、第四章と第八章を平松、第五章と第九章を井上、第一〇章と第一一章を藤田がそれぞれ分担し、各自の原稿が完成した時点で大井が訳語や文体の統一を試みた後、訳稿全体をリモートや対面で何回か検討しましたが、思いがけない誤読や誤解が残っているかもしれません。大方のご叱正をお願いする次第です。

この長くて苦しい作業が終わりに近づいたいま、悔やまれてならないのは、勉強会の最初からのメンバーだった宮澤是君が病に倒れて、帰らぬ人となったことです。謹んで宮澤君の霊前に本書を捧げ、哀悼の意を表します。

最後になりましたが、この訳業の完成を長い間、辛抱強く待ってくださった小鳥遊書房の高梨治さんに心よりお礼申し上げます。有難うございました。

二〇二三年九月　残暑なお厳しき下旬　　大井浩二

索引

おもな人名を五十音順に記した。

【共訳者】（ABC 順）

◉相本 資子（あいもと・もとこ）
関西学院大学文学部非常勤講師。専攻はアメリカ文学。関西学院大学博士（文学）。
著書◉『エレン・グラスゴーの小説群 —— 神話としてのアメリカ南部世界』（単著、英宝社、2005）、『ドメスティック・イデオロギーへの挑戦 —— 一九世紀アメリカ女性作家を再読する』（単著、英宝社、2015）

◉藤田 眞弓（ふじた・まゆみ）
神戸親和大学准教授（文学部国際文化学科）。専攻はイギリス文学。関西学院大学大学院文学研究科博士後期課程修了。博士（文学）。
論文◉「*The End of the Affair* の「不安」な男たち」『英米文学』第 59 巻（関西学院大学英米文学会、2015）、「*The Human Factor* 再読」『神戸親和女子大学言語文化研究』第 16 号（2022）

◉平松 さやか（ひらまつ・さやか）
関西学院大学文学部非常勤講師。専攻はアメリカ文学。
著書◉『共和国の振り子——アメリカ文学のダイナミズム』（共著、英宝社、2003）、『異相の時空間——アメリカ文学とユートピア』（共著、英宝社、2011）

◉井上 稔浩（いのうえ・としひろ）
園田学園女子大学教授（人間教育学部児童教育学科）。専攻はアメリカ文学。
著書◉『共和国の振り子——アメリカ文学のダイナミズム』（共著、英宝社、2003）、『異相の時空間——アメリカ文学とユートピア』（共編著、英宝社、2011）

◉勝井 伸子（かつい・のぶこ）
奈良県立医科大学非常勤講師。専攻はアメリカ文学。
著訳書◉『異相の時空間——アメリカ文学とユートピア』（共編著、英宝社、2011）、フィリップ・デイヴィス『ある作家の生——バーナード・マラマッド伝』（英宝社、2015）

【著者】

◉シャーロット・パーキンズ・ギルマン
（Charlotte Perkins Gilman, 1860-1935）
19 世紀から 20 世紀にかけての世紀転換期のアメリカで、小説家、詩人、講演者として活躍したフェミニスト思想家。代表的な著作に神経症のために狂気へ追いつめられる女性の心理を描いた自伝的な短編「黄色い壁紙」（1892）、男女の平等のための必須条件として女性の経済的自立の重要性を説いた『女性と経済学』（1898）、家父長制が排除された女性だけの理想的世界を描いたユートピア小説『ハーランド』（1915, 邦題『フェミニジア』）など。個人雑誌『先駆者』に連載した数編のノンフィクションの他に、詩集や小説作品なども何冊か公刊している。私生活では 1884 年に画家のチャールズ・ウォルター・ステットソンと結婚して、一人娘キャサリンが生まれるが、1894 年に離婚。1900 年に弁護士のホートン・ギルマンと再婚し、以後、夫の姓を名乗っている。1932 年に乳癌を発症し、3 年後の 1835 年 8 月 17 日に「私には乳癌よりもクロロフォルムが好ましかった」という言葉を残して、自死を遂げる。なお、『アンクル・トムの小屋』で知られる作家ハリエット・ビーチャー・ストウは父方の大叔母だった。

【監訳者】

◉大井 浩二（おおい　こうじ）
関西学院大学名誉教授。専攻はアメリカ文学。
著訳書●『エロティック・アメリカ――ヴィクトリアニズムの神話と現実』（単著、英宝社、2013）、『内と外からのアメリカ――共和国の現実と女性作家たち』（単著、英宝社、2016）、『米比戦争と共和国の運命――トウェインとローズヴェルトと《シーザーの亡霊》』（単著、彩流社、2017）、『ヴィクトリアン・アメリカのミソジニー――タブーに挑んだ新しい女性たち』（単著、小鳥遊書房、2021）、アラン・トラクテンバーグ『ブルックリン橋―― 事実と象徴』（研究社出版、1977）、ソール・ベロー『フンボルトの贈り物』（講談社、1977）、アプトン・シンクレア『ジャングル』（松柏社、2009）他

女性《じょせい》のための衣装哲学《いしょうてつがく》

2023 年 12 月 25 日　第 1 刷発行

【著者】
シャーロット・パーキンズ・ギルマン
【監訳者】
大井浩二

【共訳者】
相本資子、藤田眞弓、平松さやか、井上稔浩、勝井伸子

発行者 : 高梨 治
発行所 : 株式会社**小鳥遊《たかなし》書房**
〒 102-0071　東京都千代田区富士見 1-7-6-5F
電話 03 (6265) 4910（代表）／ FAX　03 (6265) 4902
https://www.tkns-shobou.co.jp
info@tkns-shobou.co.jp

装幀　宮原雄太（ミヤハラデザイン）
印刷　モリモト印刷株式会社
製本　株式会社村上製本所
ISBN978-4-86780-032-4　C0010